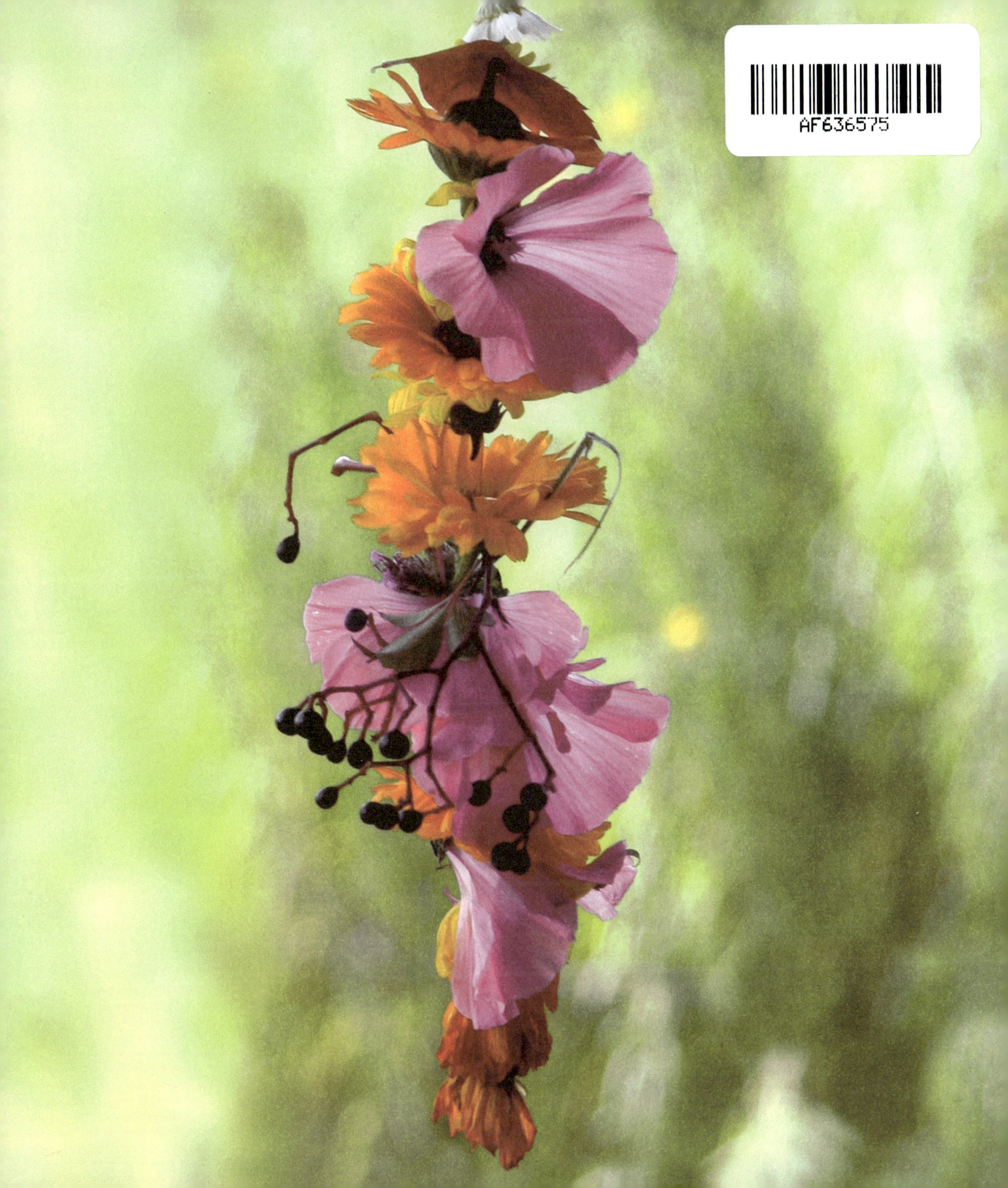

Eva Jentschura

Mit Pflanzen färben – ganz natürlich

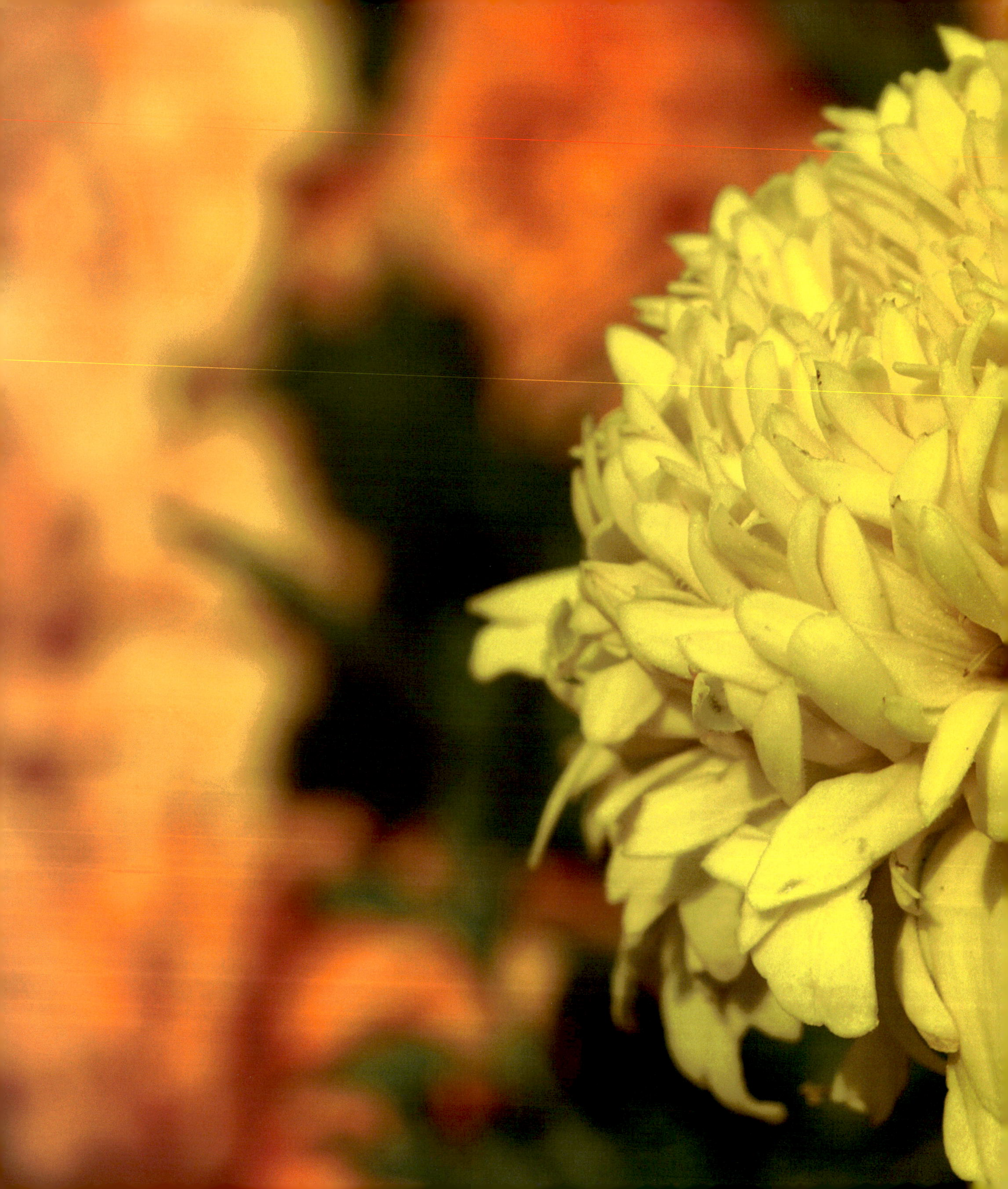

Eva Jentschura

Mit Pflanzen färben – ganz natürlich

Verlag Freies Geistesleben

Eva Jentschura, geboren 1943, war bis 2006 an der Freien Waldorfschule Kassel als Handarbeitslehrerin tätig. Seit über dreißig Jahren befasst sie sich mit der Pflanzenfärberei, und jedes Jahr färbt sie mit einer kleinen Gruppe von Kolleginnen und Freundinnen die gesamte Wolle für den Handarbeitsunterricht. Alle im Buch vorgestellten Rezepte hat sie häufig erprobt, und sie sind vielfach bewährt.

2. Auflage 2015

Verlag Freies Geistesleben
Landhausstraße 82, 70190 Stuttgart
Internet: www.geistesleben.com

Eine vorige Ausgabe der Inhalte dieses Buches erschien 1990 im Verlag Freies Geistesleben unter dem Titel *Pflanzenfärben ohne Gift.*

ISBN 978-3-7725-2393-9

Foto Einband: Christine Krippner
Gestaltung & Satz: Patricia Hagel
Druck: Gorenjski tisk storitve
Printed in Slovenia

INHALT

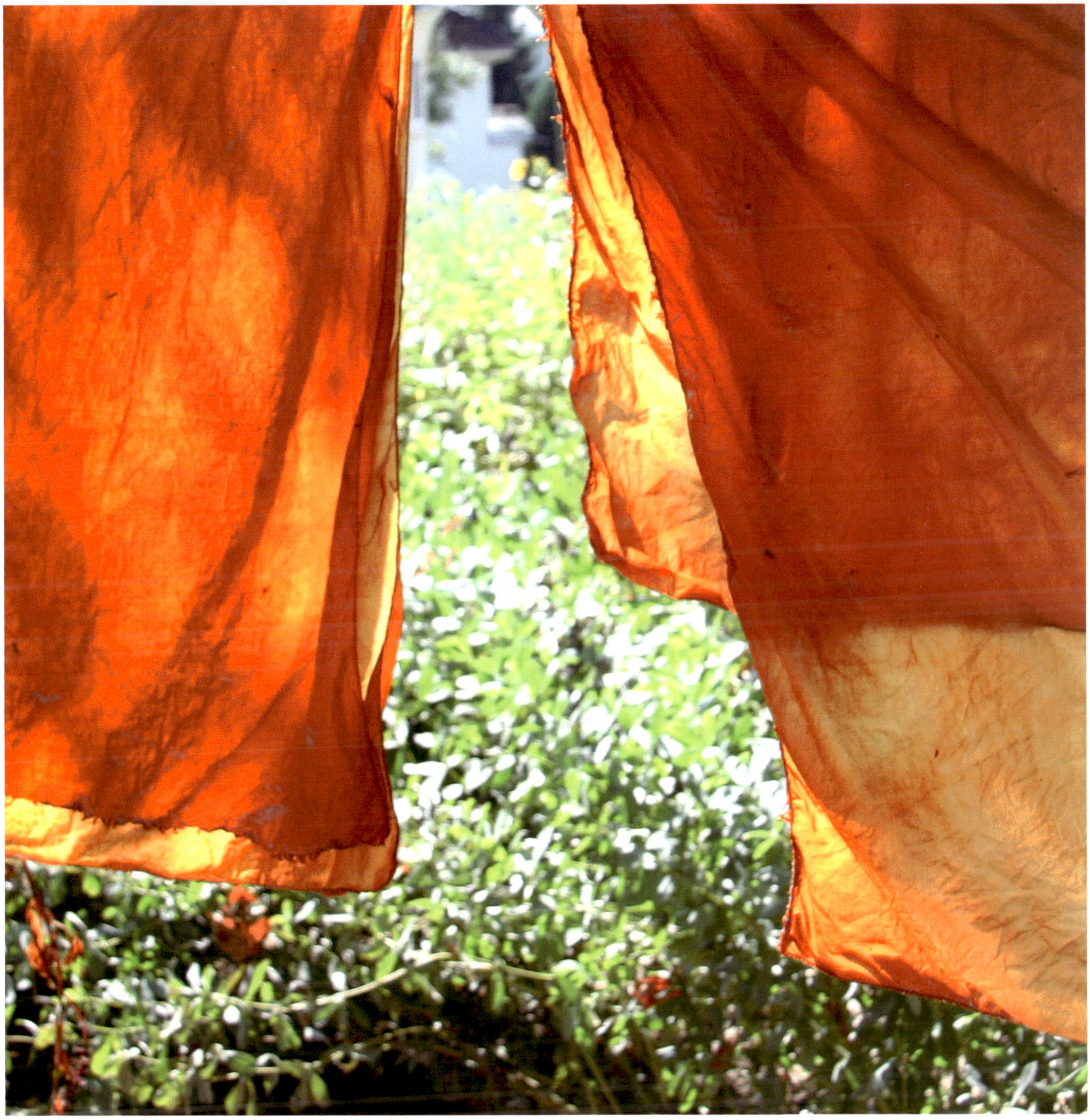

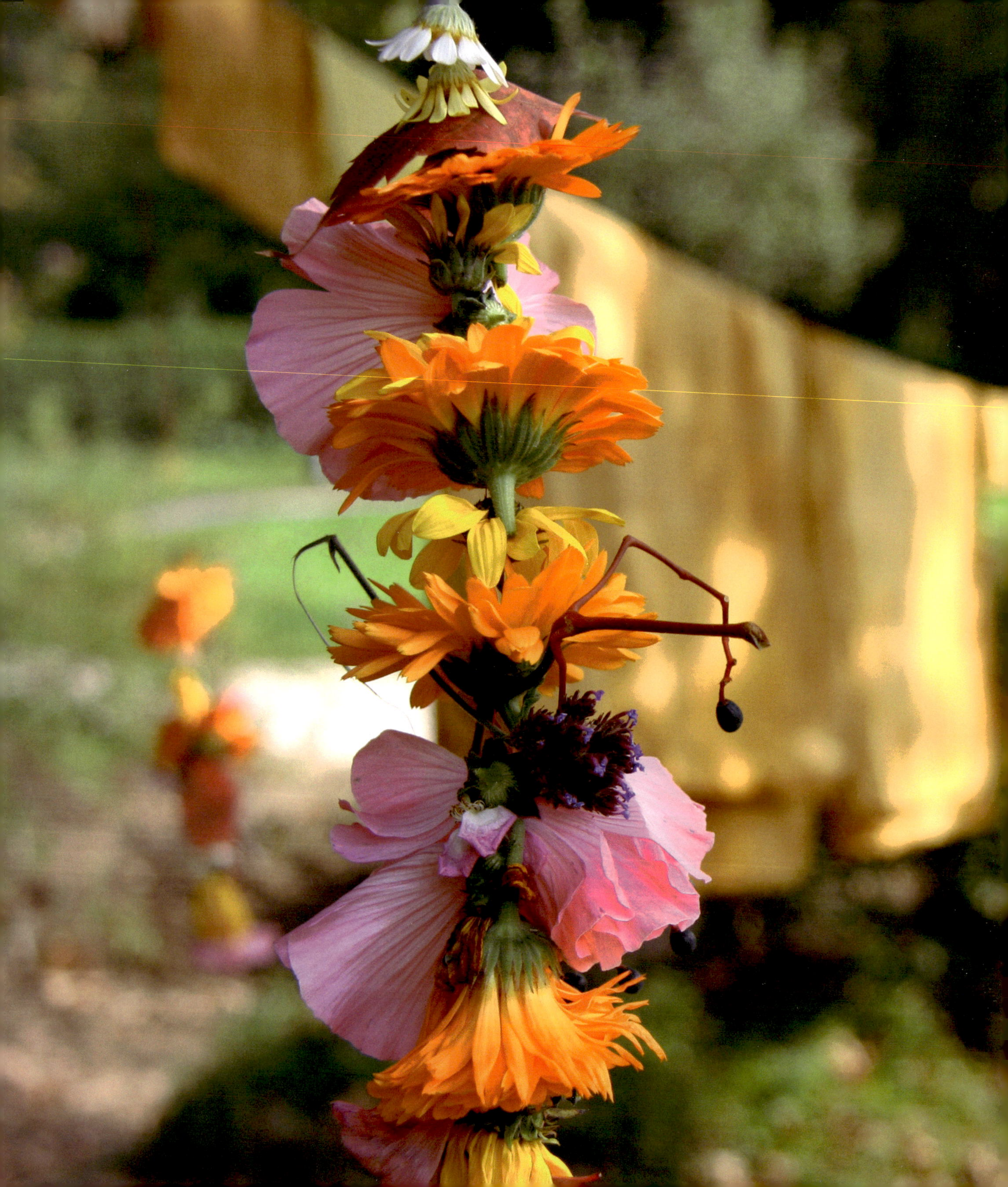

1 EINLEITUNG

EINLEITUNG

«Farbe ist die Seele der Natur, und wir nehmen Anteil an dieser Seele, wenn wir das Farbige miterleben.»

Rudolf Steiner

Die Pflanzenfärberei war eine so große Bereicherung in meinem Leben, dass ich die Freude und die Erfahrung an dieser Arbeit gerne weitergeben möchte. Man sieht den Reichtum der Natur mit ganz anderen Augen, und die Wiederbegegnung mit den Färbepflanzen regt immer wieder zum Tun an. Gerne habe ich mein ursprüngliches Pflanzenfärbebuch (*Pflanzenfärben ohne Gift*, Verlag Freies Geistesleben) überarbeitet und auf den aktuellen Stand gebracht. So sind in diesem Buch ganz viel Erfahrung und neue Erkenntnisse festgehalten und regen hoffentlich zum Ausprobieren an.

1990 erschien die erste Auflage meines Färbebuchs, und seitdem wurde bei uns an der Kasseler Waldorfschule jedes Jahr mit vielen tatkräftigen Müttern und Handarbeitskolleginnen die Wolle für den gesamten Handarbeitsunterricht gefärbt. Das waren jährlich mehr als 60 kg Wolle. Deshalb möchte ich mich an dieser Stelle bei all denen bedanken, die immer wieder mithelfen, damit die Kinder mit so einem kostbaren Material arbeiten können und eine ästhetische Ausbildung auch auf diesem Gebiet erhalten!

Die Rezepte geben die Möglichkeit, ohne giftige Substanzen zu arbeiten. Mit Sicherheit werden Ergebnisse entstehen, die in ihrer breit gefächerten Farbpalette jeden begeistern werden und die auch jederzeit wieder herstellbar sind.

Die Pflanzenfärberei wurde durch die chemischen Farben ganz zurückgedrängt, denn diese ermöglichen ganz eindeutige Ergebnisse. Vergleicht man sie jedoch mit den Pflanzenfarben, so kann man bei ihnen eine gewisse Beziehungslosigkeit untereinander feststellen, während bei den Pflanzen-

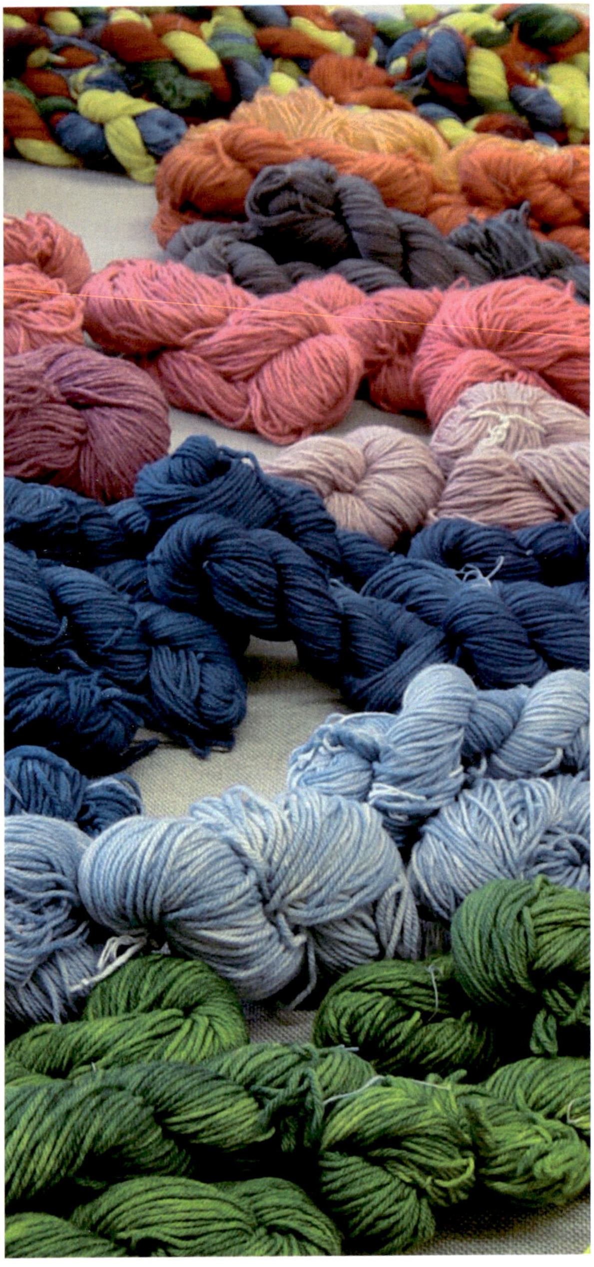

farben eine wunderbare Harmonie untereinander herrscht. Jede Farbe passt sich der anderen an, man kann sie fast beliebig mischen, und dennoch vertragen sie sich, ja, sie bilden ungeahnte Farbklänge. Es ist ein besonderes Geheimnis, wie auch die unscheinbarsten Farbtöne eigentlich erst in der Nachbarschaft mit einer anderen Farbe zu Ausdruck und Leben erweckt werden. Es scheint, als ob die Pflanzenfarben durch einen geheimen Hauptfarbton miteinander in Kontakt stehen und dieser Farbton in jedem anderen ganz fein verborgen ist.

Bei sorgfältigem Arbeiten und der richtigen Auswahl der Pflanzen sind diese Farben wasch- und lichtecht. Sollten Sie probieren, mit anderen Pflanzen zu färben, so können Sie den Lichtechtheitstest wie folgt machen:

Wickeln Sie ein Stück von dem gefärbten Garn um einen ca. 6 cm breiten Karton und legen Sie ihn zwei Wochen in ein Südfenster. Beim Abwickeln des Garns erkennt man dann eventuell eine Verblassung.

Aber selbst wenn sich die Farben im Laufe der Jahre verändern, so gibt es doch nie ein völliges Verblassen. Von den Orientteppichen, die teilweise noch heute mit Pflanzenfarben gefärbt werden, wissen wir, dass sie absichtlich in die Sonne gelegt wurden, und jahrhundertelang

blieb ihre wunderschöne Farbe erhalten, ohne dass sich etwas im Zusammenhang der Farben veränderte.
Die Pflanzen und Blätter sammelt man am besten im Mai und im Juni zur Zeit der aufsteigenden Säfte bis Johanni – es sei denn, in den Rezepten gibt es andere Hinweise. Die Blüten werden in ihrer schönsten Blüte geschnitten. Haben Sie keine Sorge – je mehr Tagetesblüten Sie z.B. schneiden, umso mehr blühen die Pflanzen nach! Je feiner man das Färbegut schneidet, umso ergiebiger wird das Farbbad.

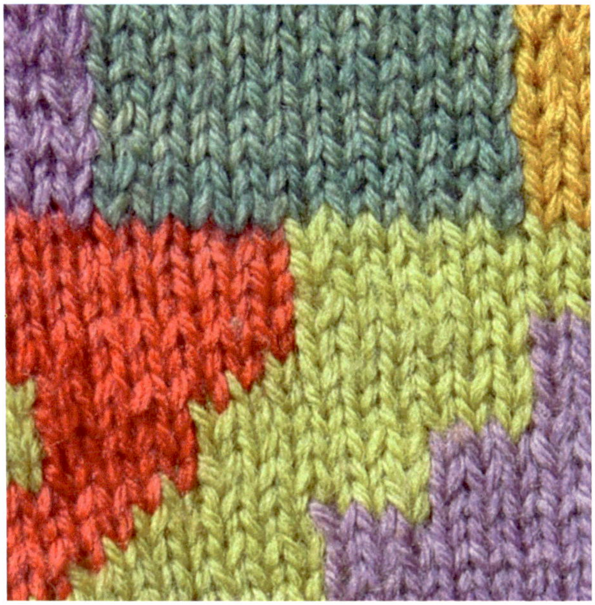

Pullover aus pflanzengefärbter Wolle

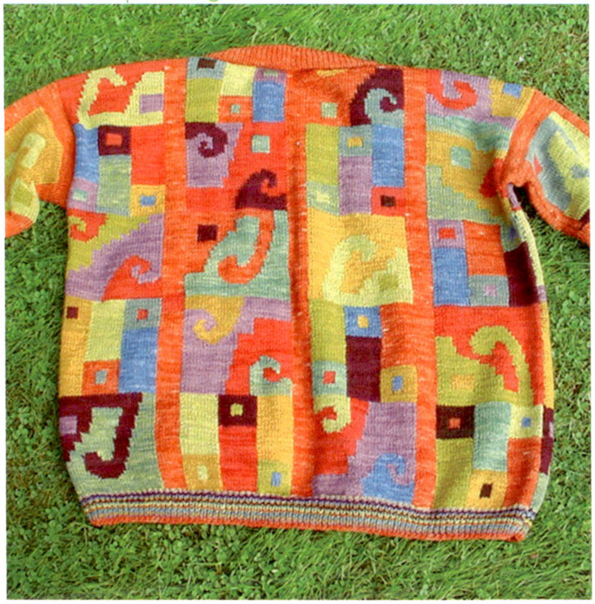

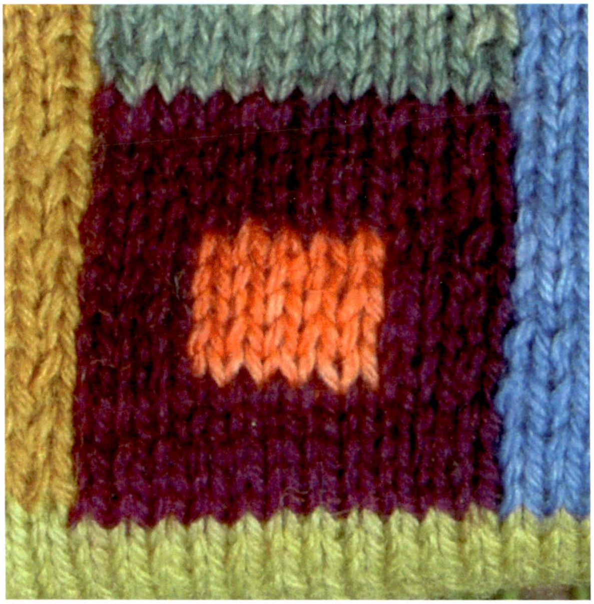

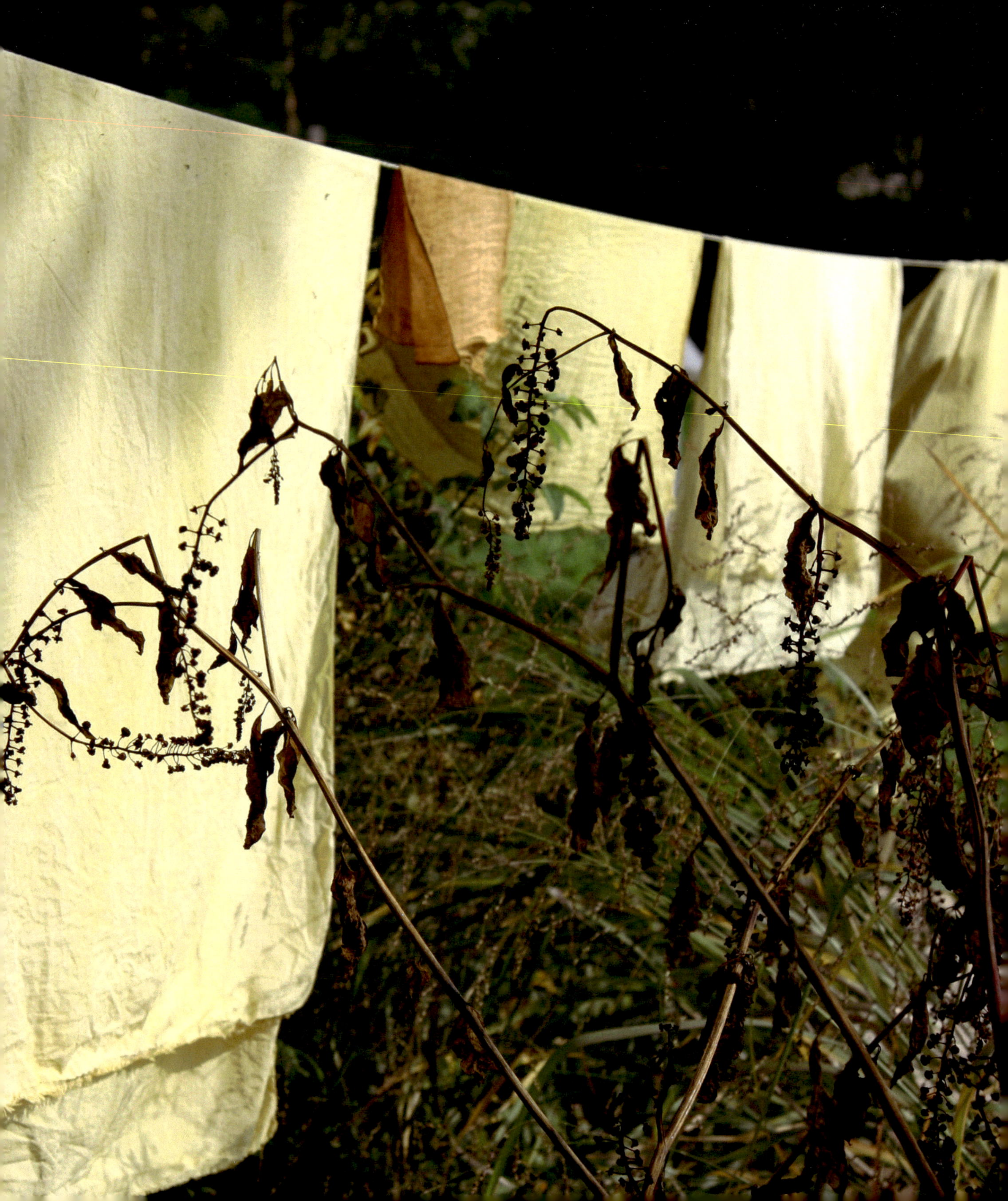

2 DIE GESCHICHTE DES FÄRBENS

DIE GESCHICHTE DES FÄRBENS

In den Höhlen von Altamira fand man 1868 farbige Bilder von Tieren aus prähistorischer Zeit. Sie waren der Beweis dafür, dass schon vor fünfzehntausend Jahren Menschen Farben benutzt haben.
Farben waren auch immer der Ausdruck von Stimmungen, oder sie hatten religiöse Bedeutung. So war (und ist es auch teilweise heute noch) das Weiß die Farbe der Unschuld, Schwarz ist die Farbe der Trauer und Symbol des Todes. Rot hatte in vielen Kulturen die Funktion zur Abwehr böser Geister. Kinder in China trugen rote Stoffstreifen an der Kleidung oder in der Jackentasche, in Irland band man den kalbenden Kühen rote Schnüre an den Schwanz. Bestimmte Berufe hatten ihre Farben. Auch kennen wir die Zuordnung bestimmter Gefühle zu den Farben wie «gelb vor Neid», «eine weiße Weste», «rot vor Wut», «er hat eine schwarze Seele».
Es gibt sehr wenige Informationen über antike Färbetechniken. Es war ein Handwerk, und die Fertigkeiten wurden der nächsten Generation überliefert. Die Geschichtsschreiber berichten zwar über die wirtschaftlichen Hintergründe, über Färbepflanzen und Kleidermode, aber nichts zu den technischen Fragen des Färbens.
Alte Autoren, die die natürlichen Pflanzenstoffe zum Färben erwähnen, sind: Diskurides, Plinius und Theophrastos. Von ihnen gibt es u.a. im Leydener Museum ausgestellte Pergamentrollen. Alle drei beschreiben folgende Behandlungsmethode von Wolle in der Antike:

- Entfetten mit gegärtem Urin und Kalkwasser
- Beizen mit Alaun und Weinstein
- Färben mit verschiedenen Farbstoffen wie Purpur und Waid.

1763 erschien von Macquer eine Schrift zur «Färbekunst», in der er bemängelt, dass ein Naturwissenschaftler in der Färbekunst auf jeden Schritt neue Dunkelheit findet, ohne von den Färbern Aufklärung

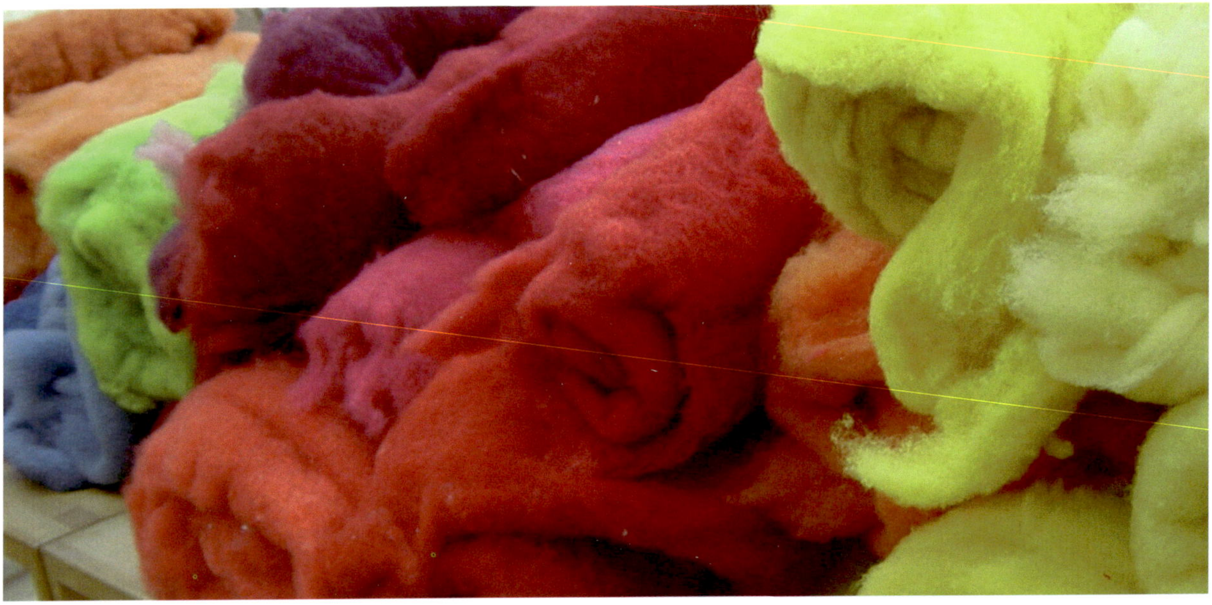

Kardierte, gefärbte Wolle

erlangen zu können. In der Tat war das Handbuch *Le Teinturier parfait* dafür ein gutes Beispiel. Es war nichts anderes als eine Neuauflage des zweihundert Jahre vorher entstandenen Werkes von Rosetti, *Plictho de Larte de Tentori*, eine monströse Sammlung von unvollkommenen und teilweise auch falschen Rezepturen.

Im 18. Jahrhundert steigerte sich der Absatz für Textilwaren außerordentlich, und so gab es dann Veröffentlichungen von Schriften über die Purpurfärbung, *Die Natur des Kermes*, und über Indigo.

Purpur als Farbe der Könige wurde aus der Purpurschnecke gewonnen (Purpura haemastoma und Mura trunculus). Man weiß sicher, dass die Phönizier die Purpurfärberei auf dem Küstenstreifen vor dem Libanongebirge in immer größerem Ausmaße betrieben haben. Im ganzen Mittelmeerraum sind Purpurfabriken und Handelsniederlassungen nachgewiesen. Noch heute zeugen meterhohe Ablagerungen von Schneckengehäusen vor allem südlich von Saida im Libanon vom Blühen dieses Gewerbes.

Hier entstand auch die folgende Sage:

Der phönizische Gott Melkart machte mit seiner Geliebten, der Nymphe Tyros, einen Spaziergang am Meeresstrand entlang. Sein Lieblingshund, der dabei war und am Strand hin und her lief und dann anfing herumzustöbern, zerbiss eine Schnecke. Gott Melkart nahm sein Taschentuch, um ihm das Maul abzuputzen. Da entstand auf dem Tuch eine vorher nie gekannte wunderschöne rote Farbe. Die Nymphe jauchzte auf und rief: «Oh, ich möchte ein Gewand aus dieser Farbe.» Gott Melkart schaute dem Hund ins Maul und fand die Schnecke. Er hob sie auf und, im Palast angekommen, zeigte er den Bediensteten die Muschel und gab den Befehl, diese Muscheln zu suchen, und so bekam Tyros ihr rotes Gewand.

Die Vorstufe der Purpurfärberei ist die schleimige Absonderung der Purpurschnecke, die sich von anderen Weichtieren ernährt. So ist die Miesmuschel ein guter Köder in den ausgelegten Reusen. Der gelbliche bis farblose Schleim dieser Schnecke entwickelte sich erst unter dem Einfluss des Lichtes über verschiedene Farbstufen, zu denen auch ein Blaugrün gehörte, zu einem ausgesprochen haltbaren Rot, das umso schöner wurde, je länger es dem Licht ausgesetzt blieb. Diese einzigartig schöne und vor allem so lichtechte Farbe des Purpurs unter den antiken Farbstoffen machte ihn so begehrt. Im Edikt des Diokletian aus dem Jahre 301 v.Chr. ist uns eine Preisliste für purpurgefärbte Stoffe überliefert. Das Kilo der teuersten Pupurwolle wurde nach heutigem Wert mit 3000 – 3500 Euro€gehandelt.

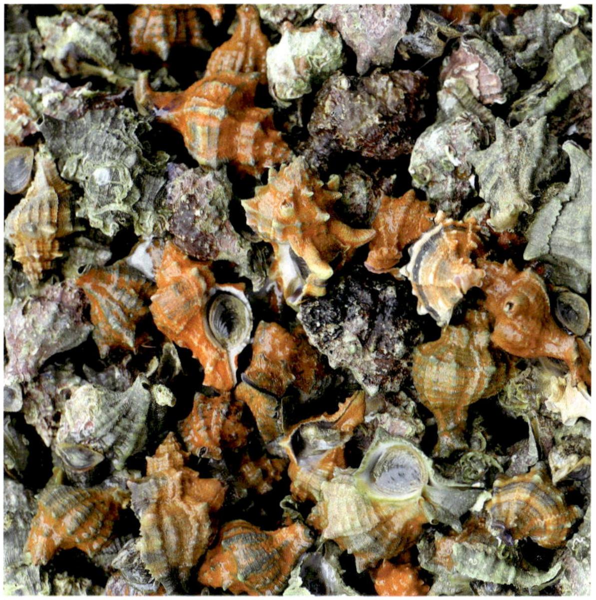

Purpurschnecken

60 v.Chr. änderte Julius Cäsar die Struktur des Reiches. Er leitete viele Reformen ein und bestimmte unter anderem, dass einzig allein er selbst sich mit der purpurnen Toga bekleiden durfte. Seine Senatoren, etwa neunhundert Männer, durften Purpurstreifen am Saum ihrer Toga tragen. Purpur bedeutete in der Farbsymbolik des Altertums Macht und Ansehen, Wert und Verdienst. Nach Christi Geburt trugen bis ins Mittelalter in Italien nur die Dogen und Kardinäle die kostbaren purpurgefärbten Gewänder. Das einfache Volk färbte mit Krapp seine Bekleidung rot.

Als Christoph Columbus Amerika entdeckte, staunten die Europäer nicht schlecht, als sie

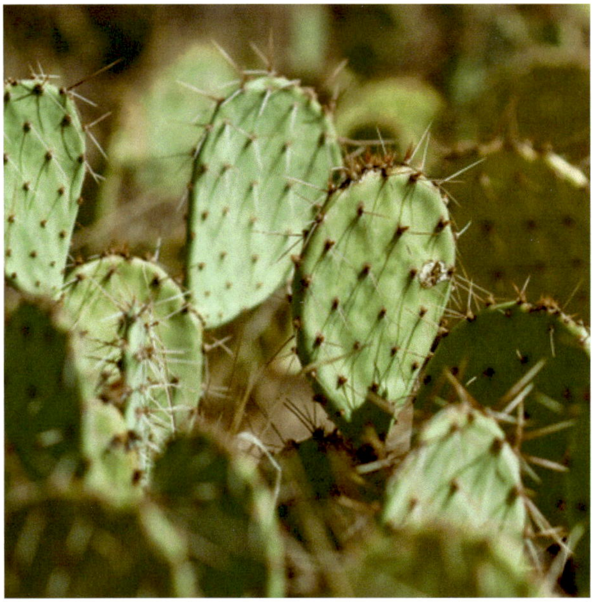

Opuntienplantage für die Schildlauszucht

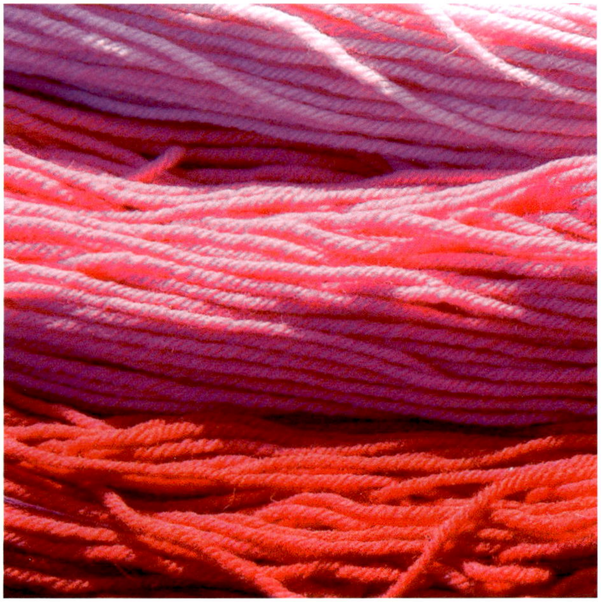

Wolle, gefärbt mit Cochenille aus Schildläusen

die Eingeborenen Tücher tragen sahen, die mit roten Mustern versehen waren, welche die gleiche Farbe hatten wie die Purpurgewänder der Fürsten. Sie beobachteten, wie die Frauen Läuse von Kakteen absammelten und damit diese wunderschöne Farbe herstellten. Sie brachten die Opuntien, so der Name der Kakteen, zusammen mit den Schildläusen nach Europa. Es wurden Plantagen angelegt und die Schildläuse gezüchtet, wobei die Südfranzosen nicht so viel Geduld und solch ein gutes Klima hatten wie die Spanier auf den Kanarischen Inseln, wo man heute z.B. auf Lanzarote noch diese Plantagen sehen kann und auch dort, wenn man Glück hat, günstig die getrockneten Läuse kaufen kann. «Coschinilla» nennen die Spanier die Cochenillelaus, und der Farbstoff wird noch heute für Lippenstifte und Lebensmittelfärbung (Götterspeise) eingesetzt. Mit dem Niedergang von Konstantinopel und Palermo und durch die Konkurrenz der Scharlachfarbstoffe aus Kermesläusen war das Ende der Purpurfärberei gekommen.

Ein weiterer wichtiger Farbstoff des Mittelalters war der Waid, der Lieferant des blauen Farbstoffes. Den Waidanbau gab es vorwiegend in Thüringen. Erfurt galt als Zentrum des Waidhan-

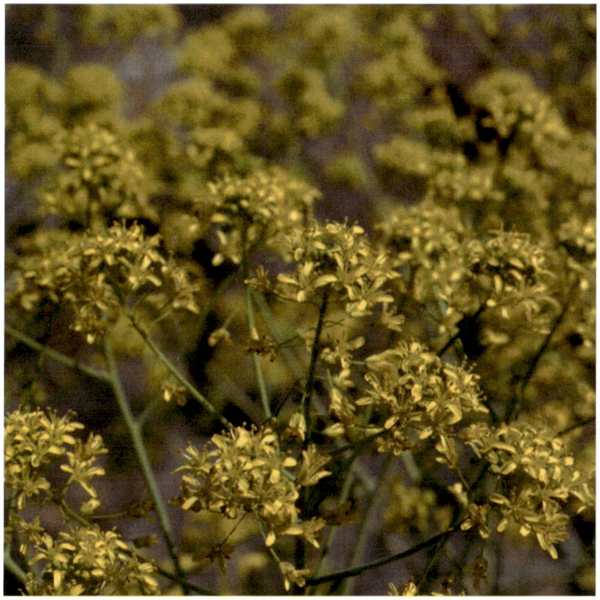

Färberwaid

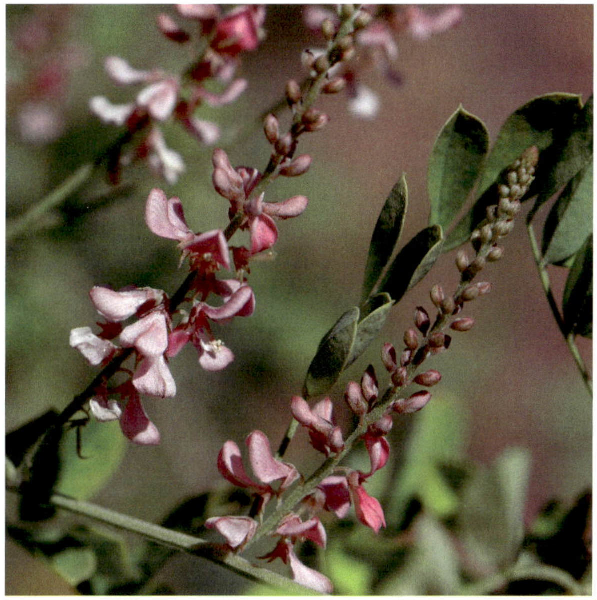

Die Blüten des Indigo

dels. Um in den Handel zu gelangen, wurde der Waid in den Waidmühlen zerkleinert und unter Befeuchtung zu einem Brei verarbeitet. Es wurden Haufen von 50 cm Höhe gemacht, diese wurden noch einmal mit Wasser besprengt, damit die Gärung in Gang kam. Der vergorene Waid konnte dann zu Kugeln geformt und getrocknet aufbewahrt oder in Fässern an die Zünfte ausgeliefert werden. Um den Waid gut auszunutzen, unterzogen die Färber den Kugelwaid noch einmal einer Gärung und färbten dann in einer Urinküpe. Durch diese Aufbereitung spaltete sich das in den Blättern enthaltene Indikan in eine Vorstufe des blauen Farbstoffes, das Indoxyl. In der Küpe konnte dann die farblose, wasserlösliche Form des Farbstoffs auf die Faser ziehen und sich an der Luft zum wasserunlöslichen Blau verwandeln. Auch die Färbetechnik, das Vergären des Waids mit Urin, ist im Wesentlichen unverändert geblieben. Die dabei entstehenden weniger guten Düfte sorgten für das geringe Ansehen der Blaufärber.

Die Blaufärberei muss es schon vor Christus gegeben haben, denn Cäsar berichtete, dass sich die Britannier vor dem Kampf mit Waid blau färbten, um noch schrecklicher auszusehen.

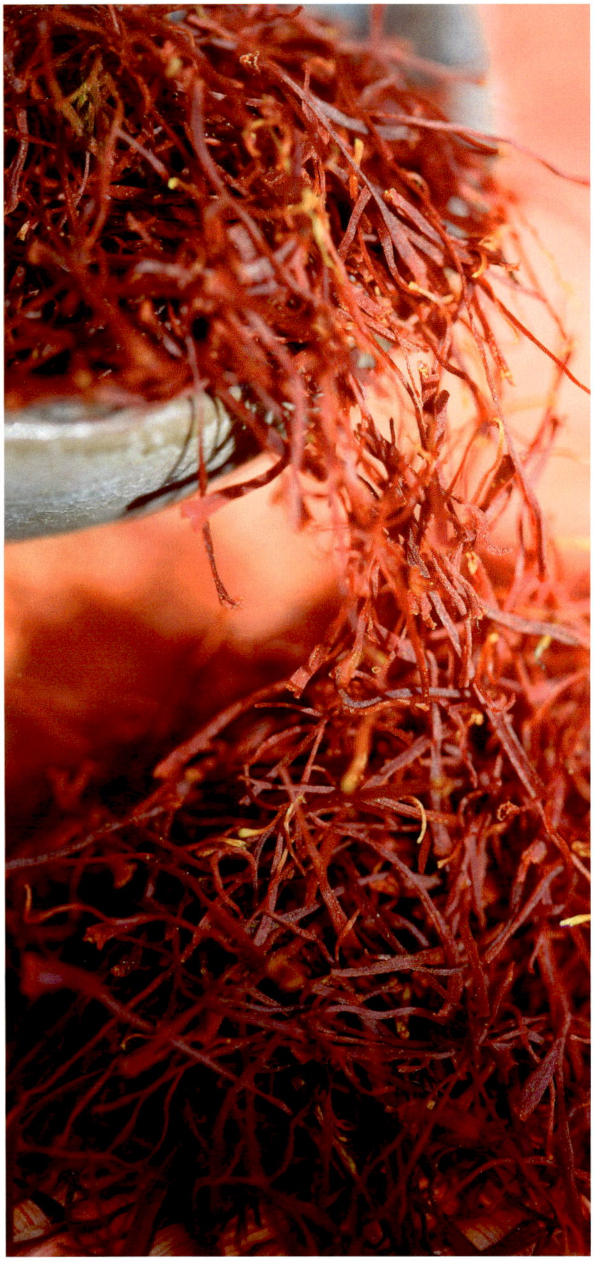

Außerdem ist überliefert, dass die Blaufärber gegen Geld den Urin aus den öffentlichen Toiletten abholten. In dieser Zeit entstand das geflügelte Wort «Geld stinkt nicht».

Im Mittelalter gab es dann die Zunftgilden, die Färber hatten ihre Werkstätten am Rand der Städte, einmal wegen des Wassers und wegen der eben genannten Geruchsbildung. Man unterschied zwischen den «Schönfärbern», d.h. den Rotfärbern, und den «Schlichtfärbern», z.B. den Blaufärbern.

Vasco da Gama entdeckte 1498 den Seeweg nach Indien und brachte dem Farbstoffhandel einen großen Aufschwung. Für den Waid war dies folgenschwer, denn es kamen immer größere Mengen Indigo nach Europa und verdrängten den Waid allmählich. Indigofera tinctoria enthält wesentlich größere Mengen des gleichen blauen Farbstoffs, der auch im Waid enthalten ist.

Gelb wurde vorwiegend mit Wau (Reseda) gefärbt oder mit Safran.

Auf einer Reise nach Marokko sah und erlebte ich das Färberviertel in Fez. Unvorstellbare Gerüche, die mit einem Zweig frischer Minze vor der Nase gemildert werden sollten, und ein eindrucksvoller Überblick von einer Dachterrasse zeigten wirklich

Safranfäden

mittelalterliche Zustände. Eine gemauerte große Wanne neben der anderen, auf der die Männer entlanglaufen konnten, war zu sehen. Im vorderen Bereich waren in den einzelnen Trögen die drei Grundfarben zu sehen, wobei Rot mit Henna, Gelb mit Safran und Blau mit Indigo hergestellt wurden, und im hinteren Bereich hatten die Gerber ihre Bottiche. Auf den Dächern lag die Wolle zum Trocknen. In den Souks gab es die großen verschnürten Wollpakete, sicher 20 kg pro Paket, zu kaufen. Aber nirgends fand man die Farbstoffe – bis auf das Henna, das die Frauen zum Färben ihrer Hände benutzen (die Haare sind ja sowieso verschleiert). Es gab auch eine Färbergasse – wohl mehr für die Touristen –, wo die Färber demonstrativ riesige Seidengarnstränge über Stöcken auswrangen. Die Färbebrühe lief dann einfach die Straße entlang.

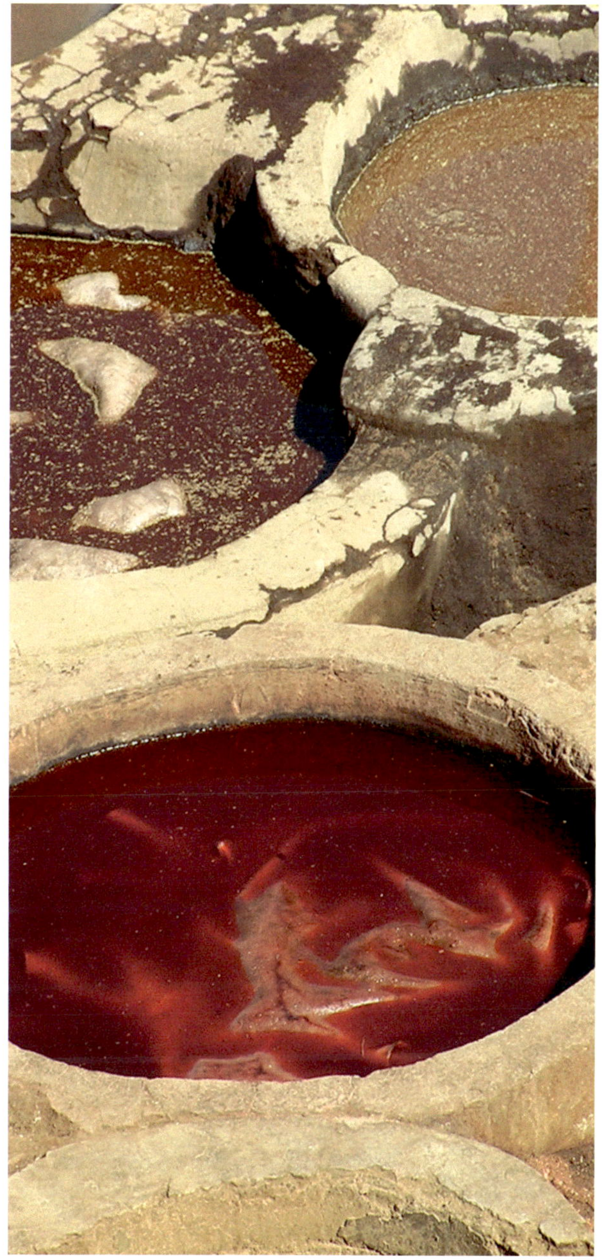

Färbebecken in Marokko

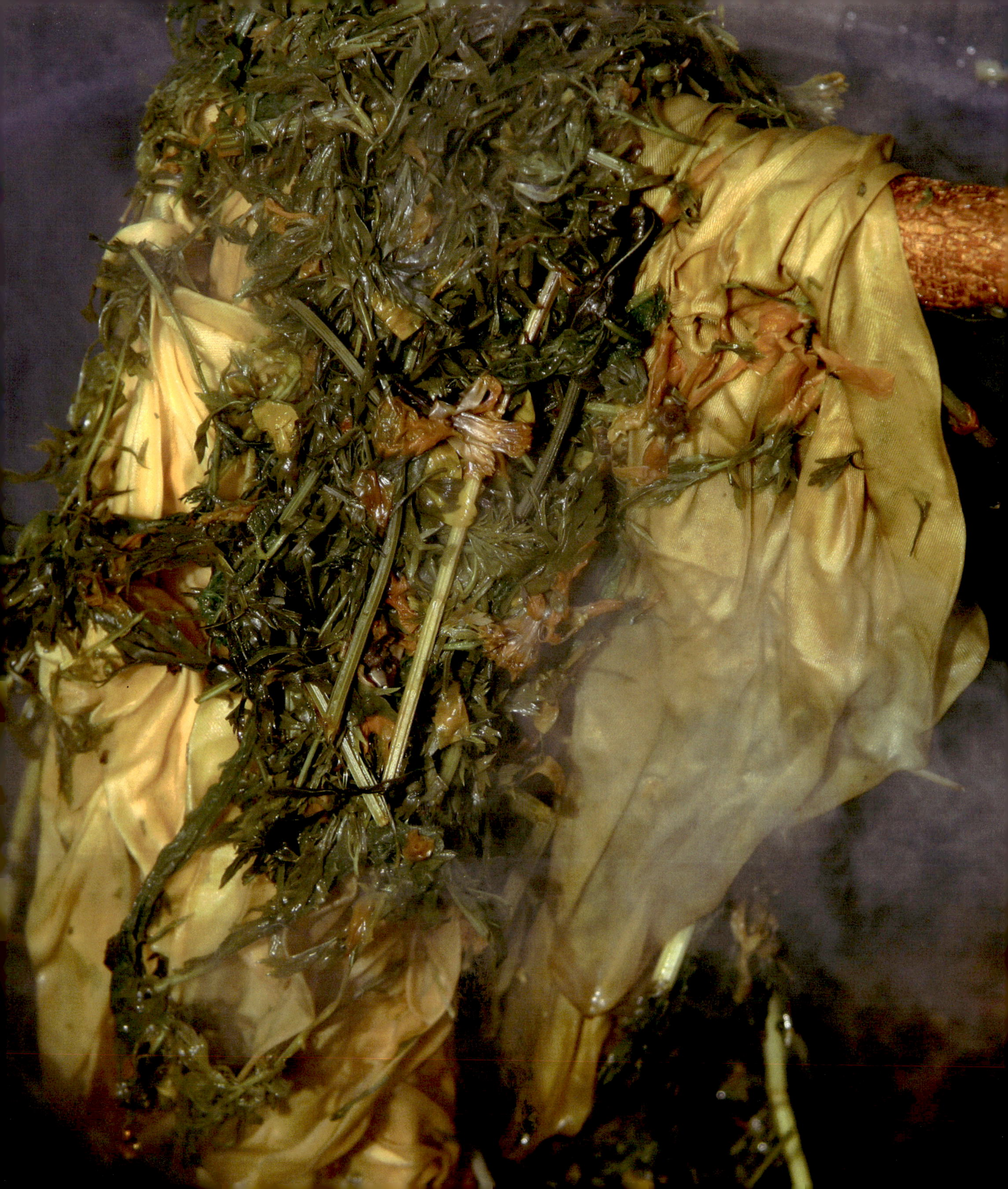

3 DER PROZESS DES FÄRBENS

DER PROZESS DES FÄRBENS

Chemikalien zum Färben

Ich lege bei den folgenden Rezepten besonderen Wert auf das Färben ohne Gift; das soll auch der Titel des Buches zum Ausdruck bringen. Es gibt eine Reihe von Färbebüchern, wo große Farbpaletten mithilfe vieler chemischer Zusätze hergestellt werden, die teilweise giftig sind oder die Wolle stark angreifen. Und wenn gesagt wird, dass doch nur Spuren davon verdünnt in die Kanalisation gelangen, so zeugt das doch nicht von umweltbewusstem Verhalten.

Chromkali oder Kaliumdichromat ($K_2Cr_2O_7$) ist ein sehr giftiger Stoff, mit dem man zwar die Farbpalette ungeheuer erweitern kann, das aber in den Farben einen stechenden Glanz erzeugt. Auch kann man feststellen, dass mit Chromkali gefärbte Wolle immer aus dem Farbkreis herausbricht. Chromkali ist der Stoff, der den Übergang von der Pflanzenfärberei zur chemischen Färberei markiert.

Kupfersulfat ($CuSO_4 \times 5\ H_2O$) ist ebenso abzulehnen wie das Zinnchlorid, das die Wolle brüchig macht.

Unser wichtigstes chemisches Hilfsmittel: Alaun oder Kaliumaluminiumsulfat ($KAl(SO_4)_2 \times 12\ H_2O$). Es ist ein weißes, körniges Salz und wurde früher auch zum Gurgeln benutzt. Es erschließt die Faser und macht die Farbe haltbar und klar. Als Beizsalz ist es nicht wegzudenken. Man benötigt für 100 g Wolle oder andere Fasern 17 g Alaun – das variiert teilweise in den Rezepten.

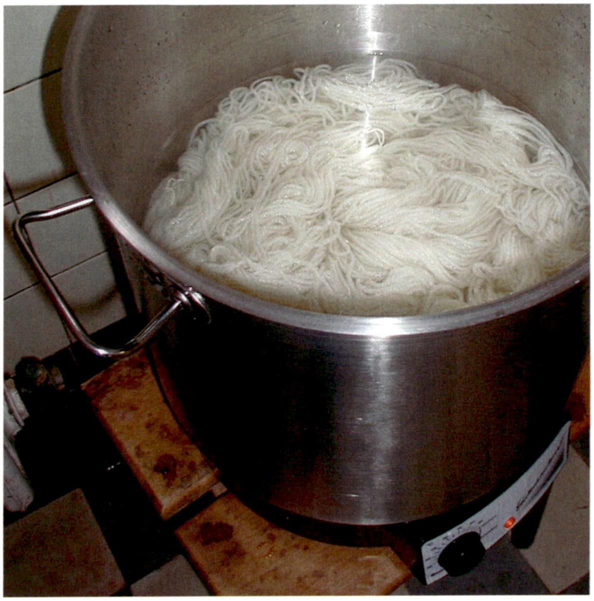

Alaunbeize im Einkochtopf mit Thermostat

Seidenfärberei nötig. Man kann aber auch in jedem anderen alten Wäschetopf färben. Sehr gut eignen sich für Gasherde Kupfertöpfe.

Außerdem benötigt man zum Färben Gummihandschuhe, alte Kochlöffel, alte Löffel zum Anrühren und Abfüllen, eine Briefwaage und eine Haushaltswaage, eine 20 ml-Einmalspritze, Wannen und Eimer, ein altes Sieb, Wäschebeutel und alte Weckgläser sowie Gefäße zum Anrühren. All diese Dinge (außer den Waagen) sollten nur in der Färberei benutzt werden. – In allen Rezepten bin ich von 100 g Fasern ausgegangen. Wenn Sie also größere Mengen färben möchten, müssen die Zutaten entsprechend erhöht werden.

Die Vorbereitung

Sehr gut hat sich beim Färben der elektrische Einkochtopf mit Thermostaten bewährt. Ich würde immer den Stahleinkochtopf vorziehen, da er am besten zu reinigen ist. Man erhält ihn im Haushaltsfachhandel. Mit ihm kann man die gewünschte Temperatur gut halten und auch größere Mengen darin färben. Es hat sich gezeigt, dass man den Einkochtopf mit maximal 1200 g Wolle so füllen kann, dass das Färbegut noch locker genug darin liegt. Die Temperaturregelung ist besonders bei der Krapp-, Indigo- und

Das Beizen

Vor dem Färben muss in den meisten Fällen die Wolle – bzw. die Faser – «gebeizt» werden, das heißt, die Fasern müssen durch die Beize aufgeschlossen werden, um dann die Farbe annehmen zu können. Das Beizen ist ein chemischer Vorgang, wobei die Beizmittel saure, leicht lösliche Mineral- oder Metallsalze sind. In den Rezepten findet man jeweils die genauen Angaben. Grundsätzlich muss das Beizmaterial gut in heißem Wasser aufgelöst werden. Das kann man gleich mit einer kleinen Menge Wasser in dem

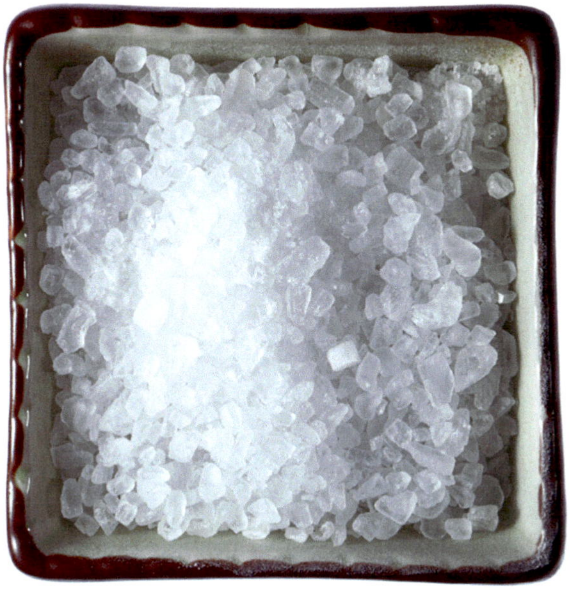

Alaun

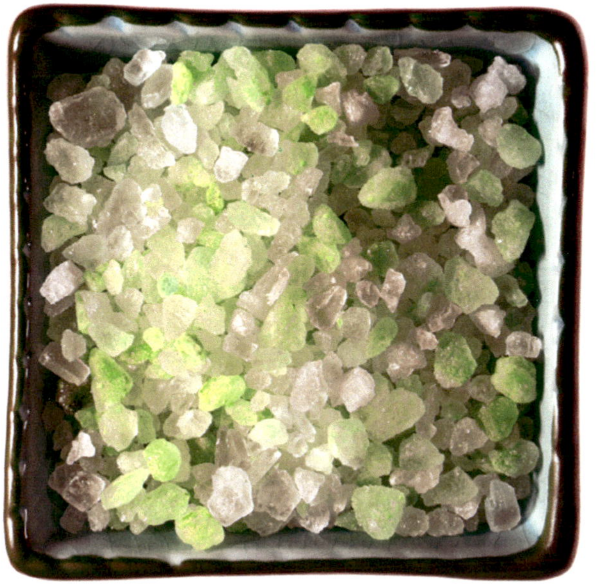

Eisensulfat

Färbetopf erledigen und anschließend mit der nötigen Menge Wasser auffüllen. Für 100 g Wolle benötigt man 1,5 l Wasser, das heißt, die Wolle sollte gut mit Wasser bedeckt sein. Bei größeren Mengen Wolle erhöht sich die Wassermenge entsprechend. Die zu beizende Wolle sollte gut angefeuchtet sein, damit die Beize gleichmäßig aufziehen kann. Nun kocht man die Wolle eine Stunde in der Beize, drückt sie anschließend gut aus oder schleudert sie in der Wäscheschleuder.

Weiter benötigen wir an ungiftigen Chemikalien Weinstein (Kaliumhydrogenkarbonat) für die Rotfärberei. Es ist das Salz der Weinsteinsäure und kommt als feines, weißes Pulver in den Handel und wird in Verbindung mit Alaun verwendet. Weinsteinrahm intensiviert die Farbe zu Rotblau; ebenso erzielt man damit ein gleichmäßiges Aufziehen des Farbstoffes.

Abschließend möchte ich feststellen: Eine große Farbpalette kann man durch Verwenden vieler verschiedener Pflanzen herstellen, ohne dass man Gift verwendet. Die Natur hält solch eine Vielfalt von Farben für uns bereit!

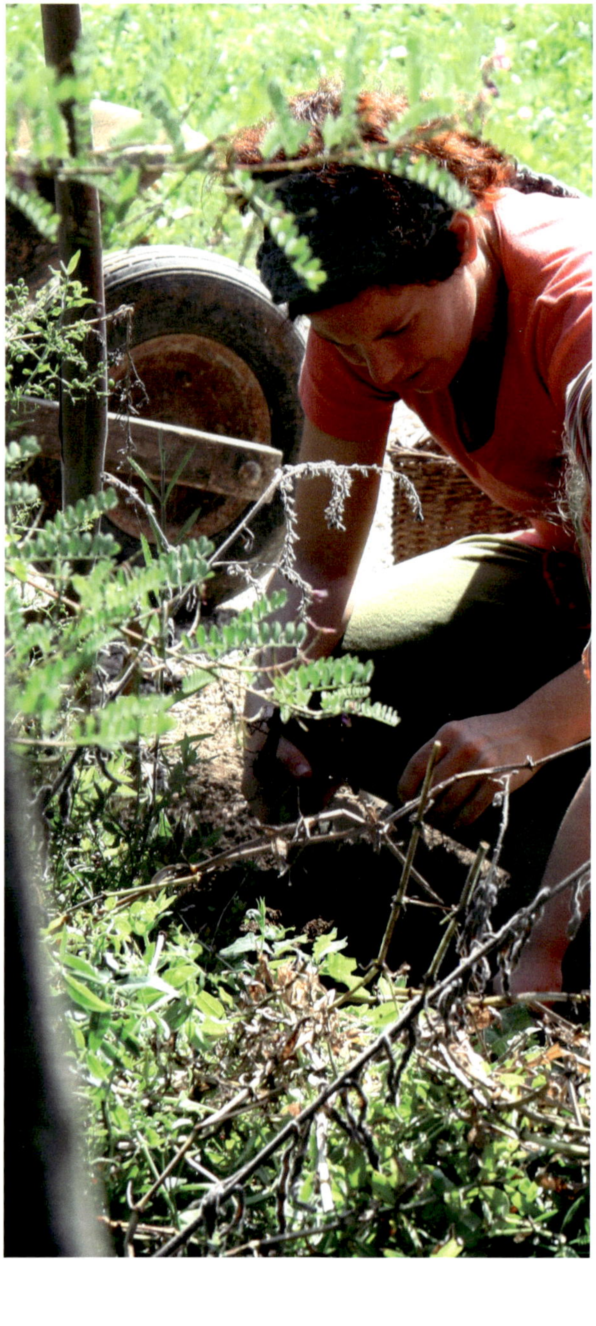

Das Färben

Zum Färben müssen die gesammelten Pflanzen gewogen und zerkleinert werden. Getrocknete Pflanzen werden am Vortag mit heißem Wasser bedeckt und über Nacht stehen gelassen, es sei denn, es ist im Rezept anders beschrieben. Das Färbegut wird in den Topf gelegt und mit Wasser bedeckt (bei einigen Rezepten wird es auch in einen Wäschesack gefüllt) mindestens eine Nacht lang eingeweicht. Hier gibt es genaue Angaben in den Rezepten. Das eingeweichte Färbegut wird mit dem Einweichwasser in den Färbetopf gegeben und alles eine Stunde lang gekocht. Man lässt alles eine weitere Nacht stehen. Am nächsten Morgen wird der Farbsud durch ein Sieb gegeben oder der Wäschebeutel mit den Pflanzenteilen aus dem Farbbad genommen. Nun wird die gebeizte, feuchte Wolle in den Sud gelegt und eventuell noch mit so viel Wasser aufgefüllt, dass die Wolle bedeckt ist. Alles wird zum Kochen gebracht. Eine Stunde lang wird sie sanft gekocht. Strangwolle sollte vorher mindestens zweimal abgebunden worden sein.

Besonders reizvoll ist es, Flocke zu färben, weil sich hier schon innerhalb der Färbung verschiedene Nuancen ergeben können, bedingt durch den unterschiedlichen Fettgehalt auf der Wolle. Bewegen Sie die Wolle nur vorsichtig. Wenn

man größere Mengen Wolle färbt, empfiehlt es sich, die Wolle nach fünfzehn Minuten aus dem Farbbad zu nehmen und gleich wieder neu einzulegen, damit die Farbe gleichmäßig aufzieht.
In den meisten Fällen ist das Farbbad nicht erschöpft, man kann also gut eine weitere Nachfärbung vornehmen und erhält so hellere Nuancen.
Nach dem ersten Färbebad schleudert man die Wolle gut aus und gibt das Restwasser in das Färbebad zurück. Die Wolle wird mit einem Esslöffel voll Essigessenz im ersten Spülbad fixiert und weiter so lange ausgespült, bis das Wasser klar ist. Die Temperatur des Wassers sollte gleichmäßig warm sein, damit die Wolle nicht verfilzt.
Um eine Farbe haltbarer zu machen, kann man die *Stufenfärbung* anwenden. Dies empfiehlt sich besonders bei Färbungen mit Kurkuma und Zwiebelschalen. Die gebeizte Wolle wird, wie im entsprechenden Rezept beschrieben, zwanzig Minuten leise gekocht, dann aus dem Farbsud genommen und ausgeschleudert, die Farbbrühe kommt zurück in den Färbetopf, und die Wolle wird für zwanzig Minuten auf einem Wäscheständer draußen gelüftet. Diesen Vorgang wiederholt man mindestens dreimal. Anschließend kann die Wolle gespült und auch für Überfärbungen genutzt werden.

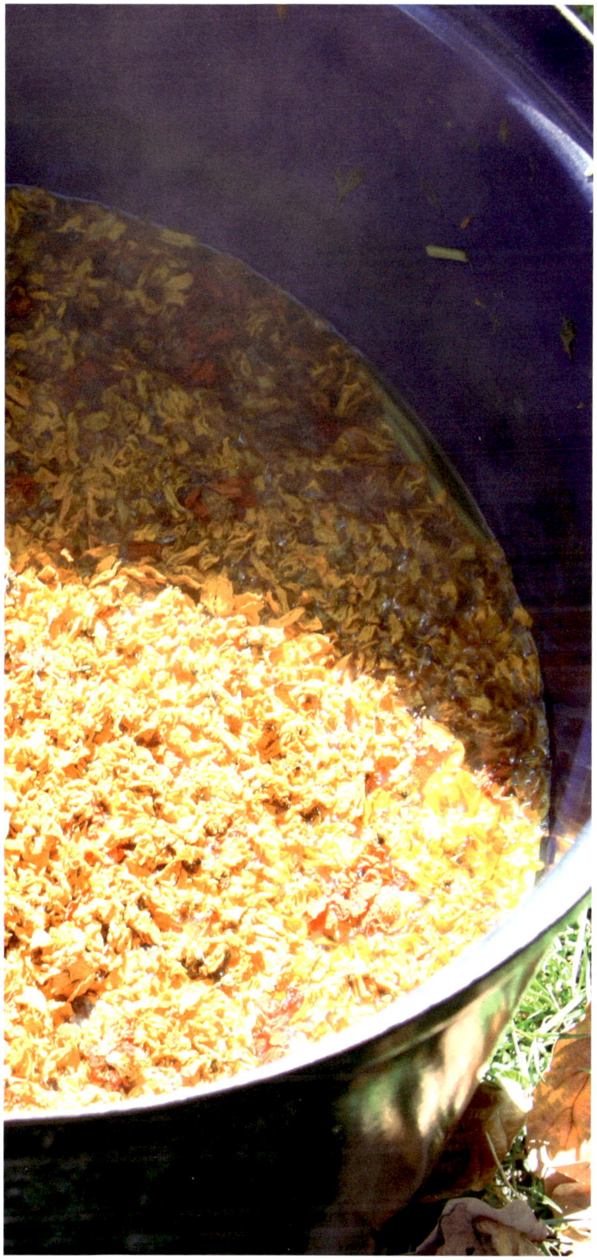

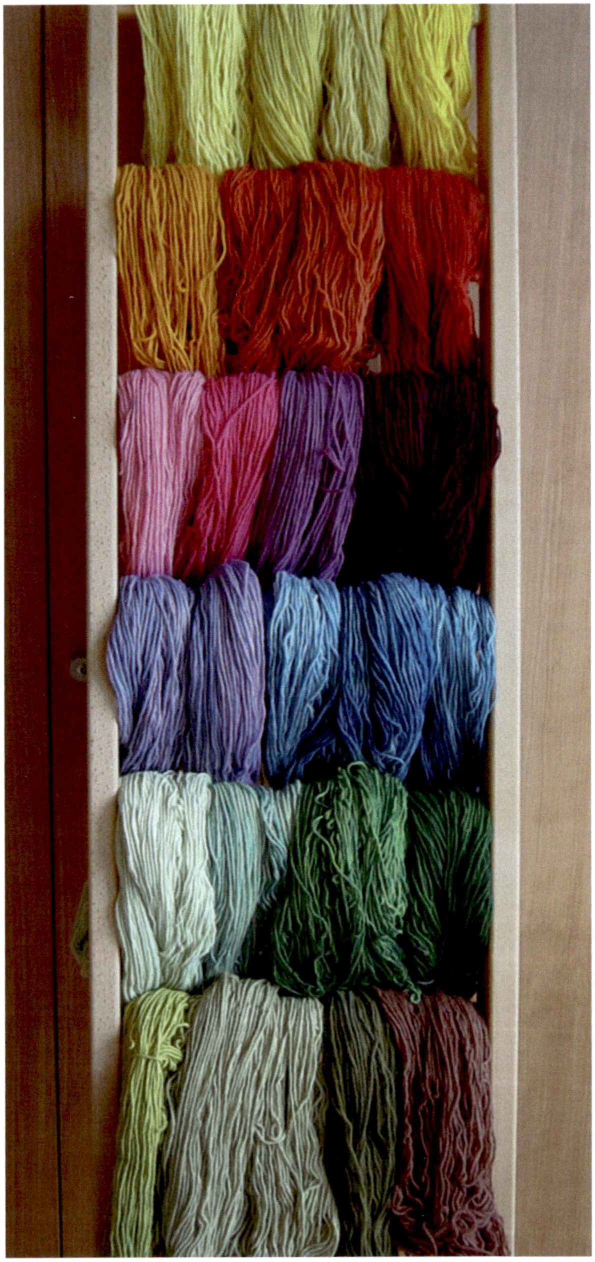

Das Entwickeln

Durch das Entwickeln kann man die Farbpalette sehr schön erweitern. In diesem Fall darf die gefärbte Wolle nicht gespült werden! Durch Hinzufügen von Entwicklungssalz an das Farbbad und eine Viertelstunde Kochen ergeben sich erstaunlich vielfältige neue Farbnuancen.

Wenn wir Rottöne zu Violett oder Gelbtöne zu Oliv hin verändern möchten, so benötigen wir das Eisensulfat ($FeSO_4 \times 7\ H_2O$). Es dunkelt die Farben ab und gibt ihnen einen grauen, matten Ton.

Aus der Weihnachtsbäckerei kennen wir die Pottasche (Kaliumkarbonat, K_2CO_3); man kann damit die Farbe intensivieren, z.B. wird Gelb zu Gold. Es wird im letzten Farbbad unter Zusatz einer dieser Stoffe «entwickelt». Man nimmt dazu die Wolle aus dem Farbbad, löst das Entwicklungsmittel darin auf und legt die gefärbte Wolle wieder ein. Nun wird so lange sanft gekocht, bis die gewünschte Farbe erzielt worden ist, maximal fünfzehn Minuten.

Anschließend wird die Wolle sehr gründlich gespült, auch hier mit Essigessenz am ersten Spülbad. Es empfehlen sich Gummihandschuhe, da durch das Eisensulfat auch die Hände dunkel werden.

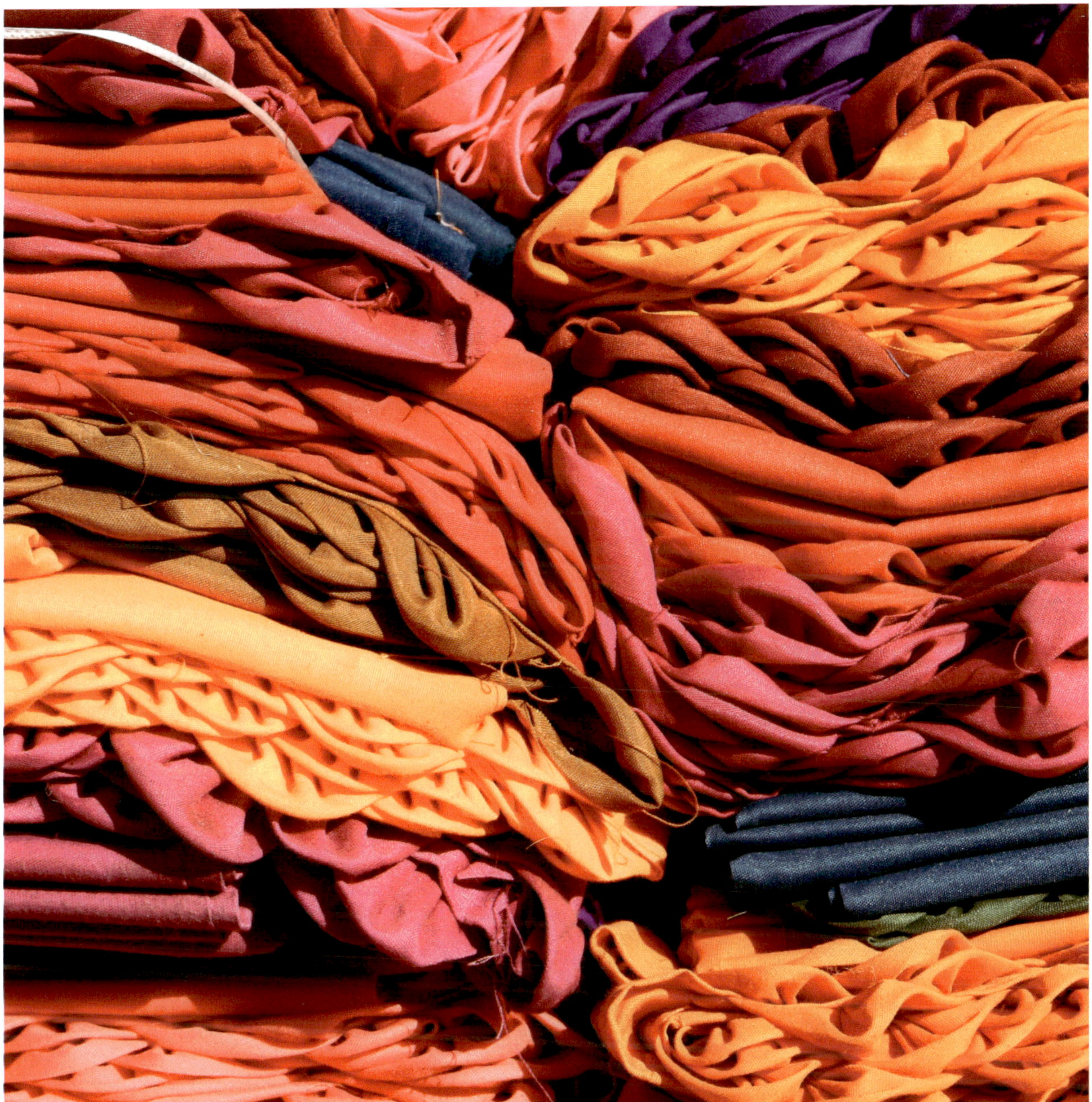

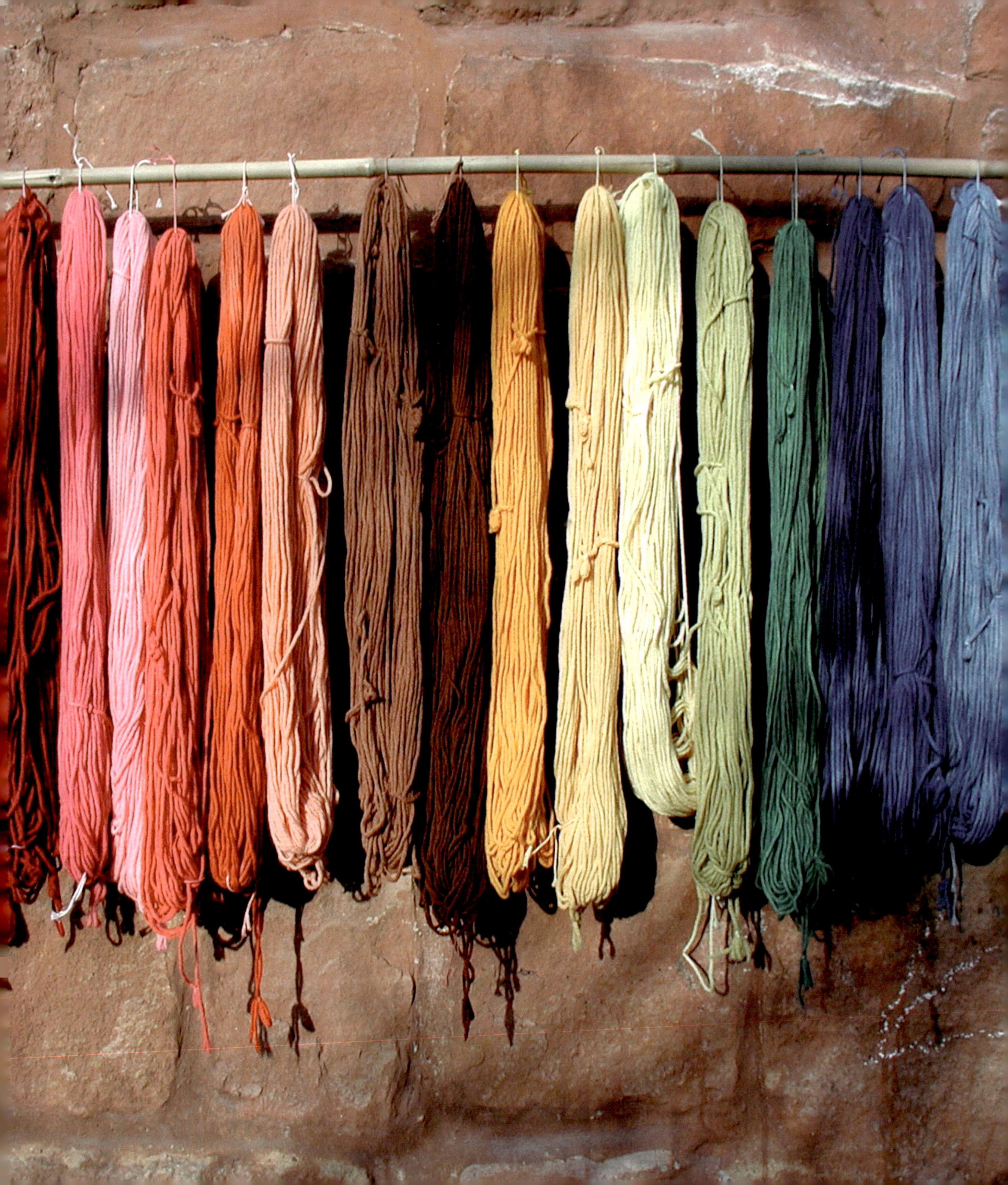

4 FARBLISTE

FARBLISTE

Im Folgenden finden Sie eine Übersicht der Farben, die Sie mit den in diesem Buch vorgestellten Pflanzenrezepten erhalten.

Gelb
- Apfelbaumrinde
- Berberitze
- Birkenblätter
- Birnbaumblätter
- Brennnesseln
- Brombeerblätter
- Färbekamille
- Flechten
- Frauenmantel
- Gelbholz
- Goldrute
- Irisblätter
- Johanniskraut
- Kastanienblätter
- Kirschbaumrinde
- Königsfarn
- Königskerze
- Kurkuma
- Pferdeampfer
- Rainfarn
- Reseda
- Rhabarber
- Schafgarbe
- Tagetes
- Wiesenkerbel
- Zwiebelschalen

Rot
- Cochenille
- Krapp
- Rotholz

Blau
- Indigo

Beige
- Berberitze
- Brennnesseln
- Brombeerblättern
- Eichenblättern
- Flechten
- Schafgarbe
- Walnussschalen

Grün
- Überfärbungen

Gold
- Entwicklung von Färbekamille
- Zwiebelschalen

Braun
- Flechten
- Katechu
- Walnussschalen

Goldbraun
- Faulbaumrinde
- Walnussrinde

Oliv
- durch Entwicklung fast aller gelben Farben

Rotbraun
- Birkenrinde
- Kastanienblätter
- Pflaumenbaumrinde

Orange
- Überfärbung

Violett
- Blauholz
- Entwicklung von Cochenille
- Überfärbung

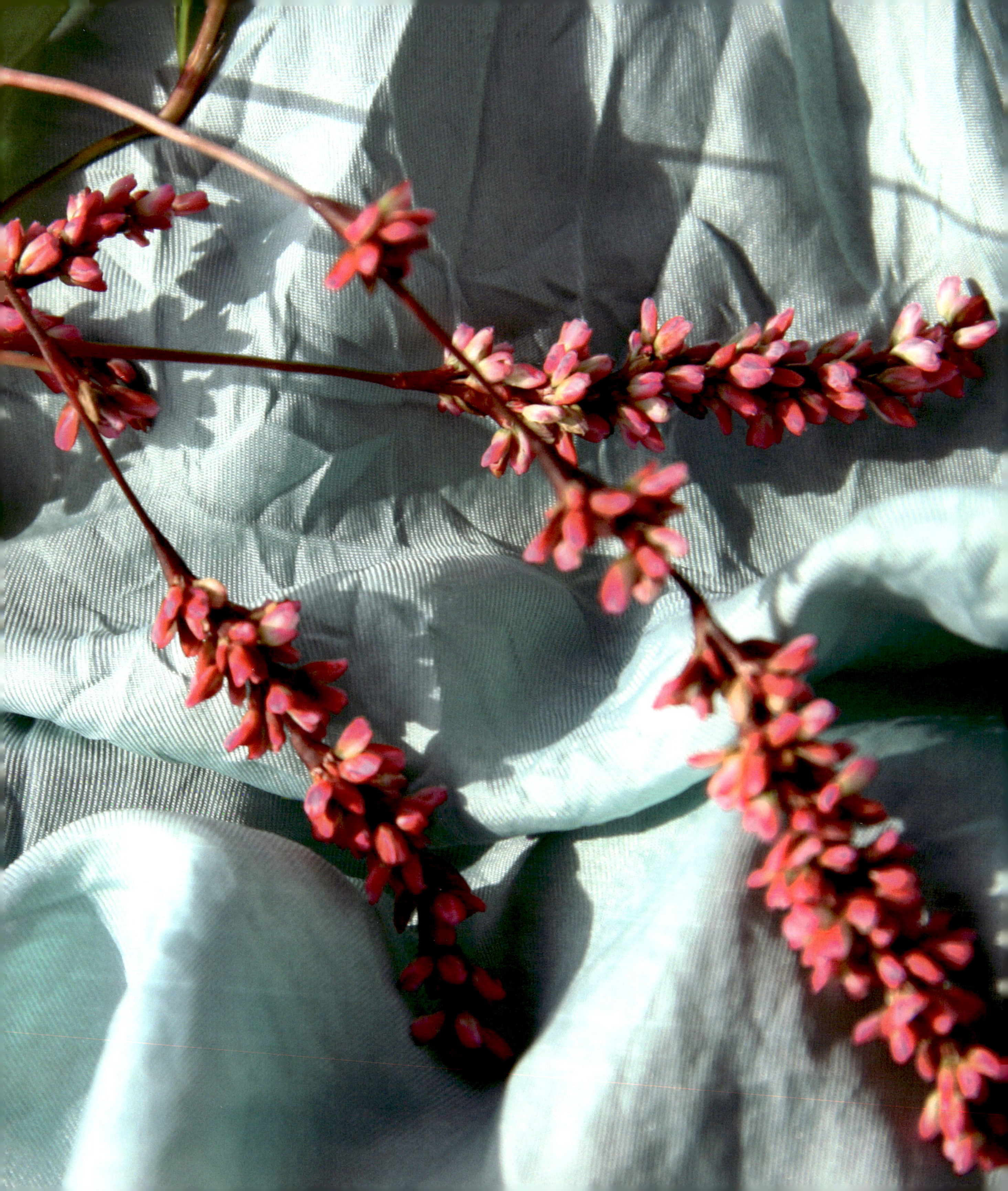

5 FÄRBEREZEPTE

FÄRBEREZEPTE

Angeregt durch die folgenden Rezepte und die Fotos kann man natürlich gleich mit dem Färben beginnen, vorausgesetzt, die entsprechenden Pflanzen oder Hölzer stehen einem zur Verfügung.
Wenn wir jedoch im größeren Rahmen für den Handarbeitsunterricht oder den Weihnachtsmarkt färben, bedarf es doch einer größeren Planung. Vorab macht man einen Plan, welche Garne gefärbt werden sollen, um alle Farbbäder auszunutzen, und entscheidet, mit welchen Farbstoffen gefärbt werden soll. In den Rezepten sind die Mengen immer für 100 g Wolle berechnet, also braucht man nur für größere Mengen entsprechend zu multiplizieren. Mit fünf bis sechs Einkochtöpfen mit Thermostaten schafft man es, mit fünf Färberinnen einen ausgedehnten Vormittag lang schon eine große Menge Wolle zu färben.
In einem Topf sollten maximal 1200 g Wolle gefärbt werden, sonst liegt die Wolle nicht locker genug im Färbebad. In jedem Topf wird eine andere Farbe gefärbt, und jeweils eine Person ist für «ihren» Topf verantwortlich, d.h. sie entscheidet, wann die Färbung beendet wird, wie gespült wird, sortiert die gefärbte Wolle für eventuelle Überfärbungen oder Entwicklungsbäder. So ist der Färbetag immer ein ganz aktiver, kreativer und anregender Tag des gemeinsamen Schaffens.
Aber ebenso viel Freude bereitet das Ausprobieren im stillen Kämmerlein bzw. auf der Terasse oder im Garten. Sie erhalten nun viele erprobte Rezept – aber lassen Sie sich auch anregen, selbst auszuprobieren. Und wenn es die Zweige der geschnittenen Ligusterhecke sind, die Sie in den Kochtopf stecken!

Färben mit Blüten

FÄRBEKAMILLE (Anthemis tinctoria)

Das reinste und haltbarste Gelb erhält man mit den Blüten der Färbekamille. Man muss sie im Garten anbauen oder sucht sie in der freien Natur. Leider bekommt man im Fachhandel nur die einfache Kamille, und die auch nur als ganze getrocknete Pflanze. Mit diesem Farbstoff erhält man aber nicht das klare Gelb. Weichen Sie die Blüten nicht ein, sondern geben Sie sie erst zum Färben mit der Wolle und dem Wasser zusammen in den Färbetopf. Man braucht nur ganz wenige Blüten zum Färben!

Beize:
100 g Wolle
17 g Alaun
1,5 l Wasser
eine Stunde kochen

Färben:
20 g getrocknete Färbekamilleblüten
so viel Wasser, dass die Blüten bedeckt sind

Die Blüten mit kaltem Wasser und der Wolle zum Färben ansetzen, hochheizen und eine Stunde leise köchelnd färben. Nach dem ersten Färbegang wird die Wolle aus dem Topf genommen und die Blüten ins Färbebad zurückgegeben. Anschließend kann man in einem zweiten Färbegang eine sehr schön klare, hellere Farbe erhalten. Hier wird erneut gebeizte Wolle diesmal in das noch heiße Färbebad gelegt und wieder eine Stunde gekocht.

Entwickeln:
1/2 TL Pottasche
die gefärbte Wolle des ersten Farbbades

Um eine goldgelbe Farbe zu erlangen, kann man die gefärbte Wolle mit Pottasche 10 Minuten köchelnd entwickeln. Da man aber auch bei einer Färbung mit Zwiebelschalen ein schönes, klares Goldgelb erreicht, rate ich, nicht zu entwickeln!

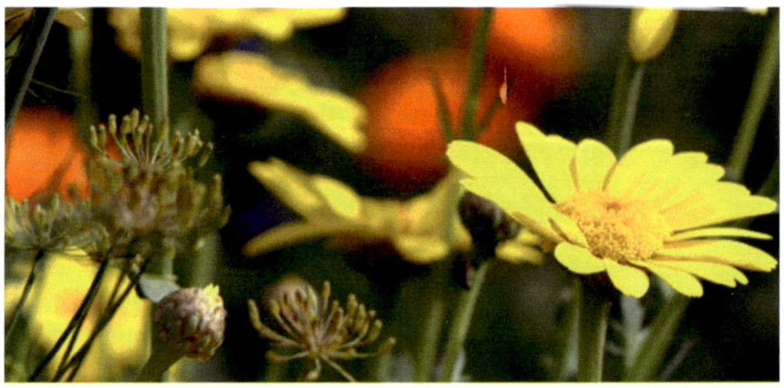

TAGETES oder Studentenblume

Wenn im Sommer die Tagetes reichlich im Garten blüht, sollte man sie kräftig ernten und trocknen. Je häufiger man erntet, umso stärker blüht sie. Beim Färben erhält man ein sehr schönes, kräftiges, bronzenes Gelb, und das Entwickeln mit Eisensulfat ergibt ein wunderschönes, tiefes Olivgrün.

Beize:
17 g Alaun
100 g Wolle
1,5 l Wasser
eine Stunde kochen

Färben:
5 g getrocknete Blütenblätter
1,5 l Wasser

Die Blüten werden über Nacht in so viel Wasser eingeweicht, dass sie gerade bedeckt sind. Am nächsten Morgen kocht man sie eine Stunde lang aus und färbt in dem Sud mit den Blüten (sie geben dann immer noch Farbstoff ab) die gebeizte Wolle ebenfalls eine Stunde.

Mit einem zweiten Farbbad erhält man einen helleren Farbton.

Entwickeln:
1/2 TL Eisensulfat

wird in dem ersten Farbbad aufgelöst, nachdem die Wolle herausgenommen worden ist. Wenn die Chemikalie aufgelöst ist, legt man die ungespülte Wolle wieder ein und entwickelt etwa 10 Minuten. Anschließend wird die Wolle gut mit Essig gespült.

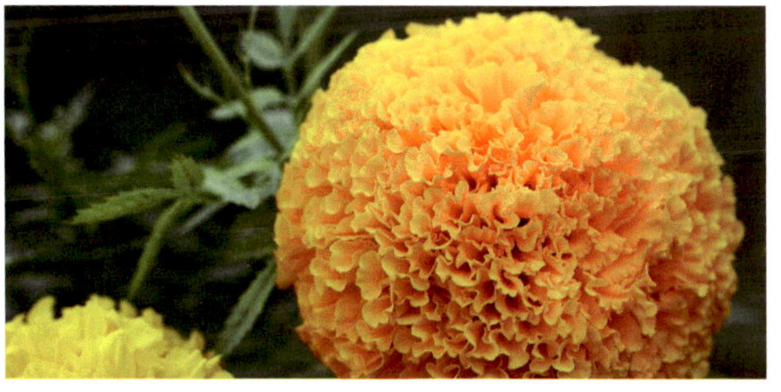

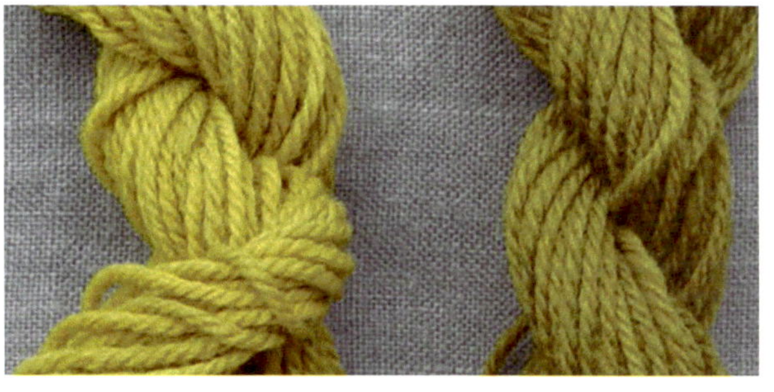

Wolle gefärbt mit Tagetes (links) sowie mit Tagetes und Eisensulfat (rechts)

Färben mit ganzen Pflanzen

BRENNNESSEL (Urtica dioica)

Da man die Brennnessel das ganze Jahr über ernten kann, sollte man mit dem frischen Kraut färben. Man verwendet die ganze Pflanze und erhält ein sanftes Grüngelb.

Beize:
17 g Alaun
1,5 l Wasser
eine Stunde sanft köcheln

Färben:
400 g frische Brennnessel
100 g gebeizte Wolle

Die Brennnesseln werden abends eine Stunde lang in so viel Wasser ausgekocht, dass das Kraut bedeckt ist. Am nächsten Morgen seiht man den Sud durch ein Sieb und färbt die gebeizte Wolle leise köchelnd in der Färbebrühe auch wieder eine Stunde.

Entwicklung:
1/2 TL Eisensulfat

Nach dem Färben wird die Wolle aus dem Sud genommen, das Eisensulfat gut darin aufgelöst und die Wolle wieder eingelegt. Man entwickelt so lange in dem Sud, bis das gewünschte Moosgrün erreicht ist.

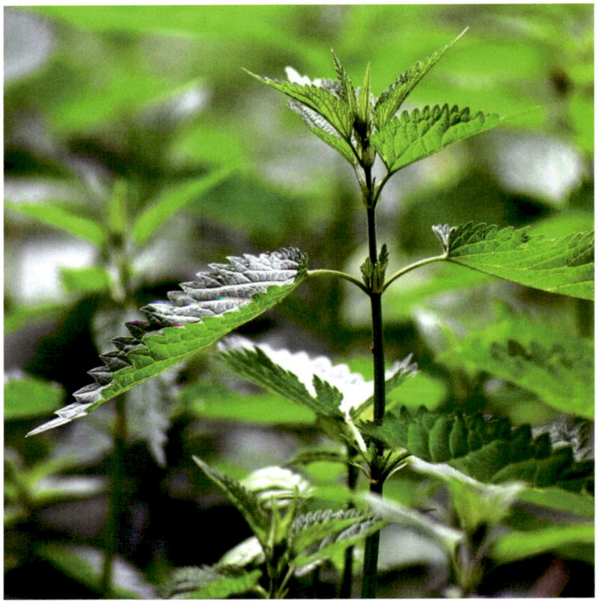

FRAUENMANTEL (Alchemilla vulgaris)

Frauenmantel wird auch als Heiltee verwendet und ist im Garten als Unterpflanzung eine Zierde. Er wächst gern auf lehmigen Böden in feuchten Lagen. Frauenmantel verwendet man am besten frisch. Man erhält einen gelben Farbton.

Beize:
17 g Alaun
100 g Wolle
1,5 l Wasser
eine Stunde kochen

Färben:
400 g Frauenmantel
100 g gebeizte Wolle

Die Blätter werden abends eine Stunde lang in so viel Wasser ausgekocht, dass sie gerade bedeckt sind. Man lässt sie über Nacht stehen und färbt eine Stunde leise köchelnd in dem abgeschütteten Sud, dem eventuell noch etwas Wasser hinzugefügt werden muss.

Entwicklung:
1/2 TL Eisensulfat

Ein warmes Moosgrün erhält man, wenn die Wolle aus dem Färbesud herausgenommen wird, diesem das Eisensulfat hinzugefügt und gut aufgelöst wird und die Wolle darin etwa 10 Minuten leise gekocht wird.
Anschließend gut mit Essig spülen.

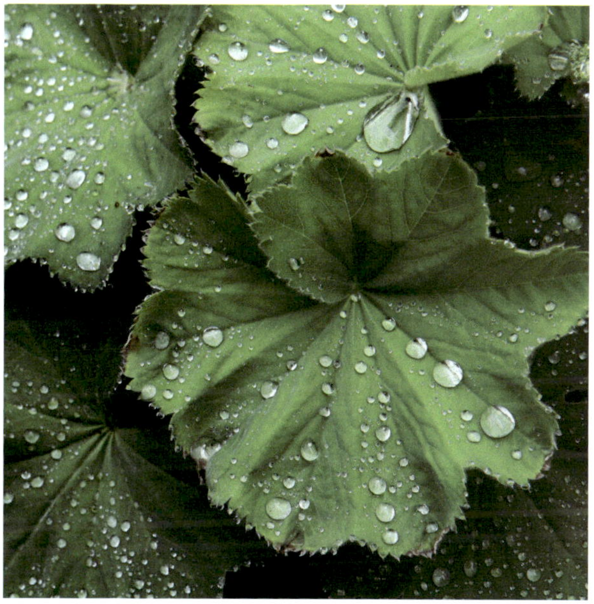

GOLDRUTE (Solidago virgaurea)

Die Goldrute wächst als Zierstaude sowohl im Garten wie auch in der freien Natur und sollte in keinem Färbegarten fehlen; kurz vor der Blüte wird sie geerntet. Getrocknet kann man sie gut für das Färben im Winter aufbewahren, um mit ihr ein schönes Goldgelb oder Dunkelgrün durch Entwicklung zu färben. Früher verwendete man die Goldrute als Tee-Ersatz.

Beize:
17 g Alaun
100 g Wolle oder Seide
1,5 l Wasser
eine Stunde sanft kochen
(Seide max. auf 70° C erhitzen!)

Färben:
100 g getrocknete oder
400 g frische Goldrute
100 g gebeizte Fasern

Die klein geschnittenen Pflanzen kocht man eine Stunde in so viel Wasser aus, dass sie gerade bedeckt sind, und lässt sie über Nacht stehen. Am nächsten Tag wird der Sud abgeschüttet und ohne die Blätter eine Stunde lang köchelnd gefärbt. Legt man die Pflanzen in ein Netz (Wäschenetz aus der Drogerie), das während des Färbens im Topf bleibt, so wird die Farbe intensiver. Bei dieser Färbung kann man gut ein Folgebad machen.

Entwicklung:
1/2 TL Eisensulfat

Die gefärbte Wolle wird aus dem Sud genommen, das Eisensulfat gut darin aufgelöst und die Wolle wieder eingelegt; sie wird 10 Minuten köchelnd entwickelt, bis ein schönes Dunkelgrün entstanden ist. Es wird anschließend gut gespült und mit Essig fixiert.

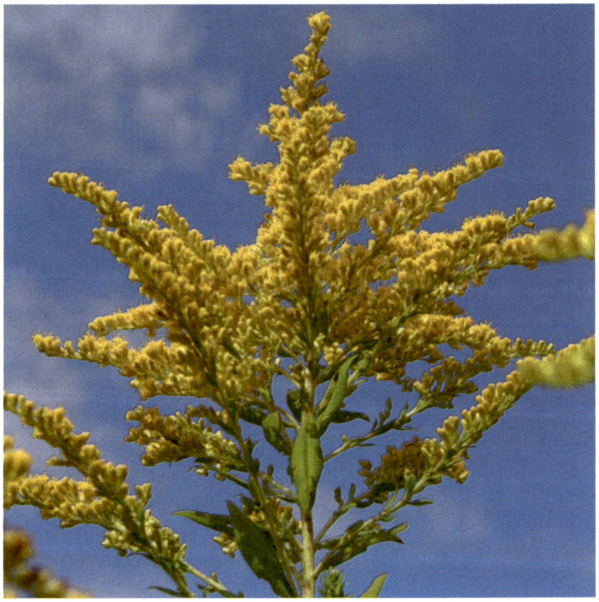

JOHANNISKRAUT (Hypericum)

Johanniskraut wächst auf kalkigen Böden am Wegrand und ist seit Langem auch als Heilpflanze bei Depressionen bekannt. Der Legende nach stand die Pflanze unter dem Kreuz Christi, und jedes kleine Blütchen fing einen Tropfen von Jesu Blut auf. Man kann tatsächlich aus der Pflanze einen roten Saft pressen.
Man sammelt zum Färben die ganze Pflanze. Sie eignet sich gut zum Trocknen.

Beize:
17 g Alaun
100 g Wolle
1,5 l Wasser

Färben:
100 g getrocknetes oder
400 g frisches Johanniskraut
100 g gebeizte Wolle

Das klein geschnittene Kraut wird eine Stunde ausgekocht und am nächsten Tag eine Stunde in dem Sud sanft gekocht. Man erhält einen gelben Farbton.

Entwickeln:
1/2 TL Eisensulfat

Der ungespülte, gefärbte Garnstrang wird aus dem Färbebad genommen, das Eisensulfat eingerührt und aufgelöst; dann wird die Wolle zugegeben und etwa 10 Minuten zu einem Goldgrün entwickelt.

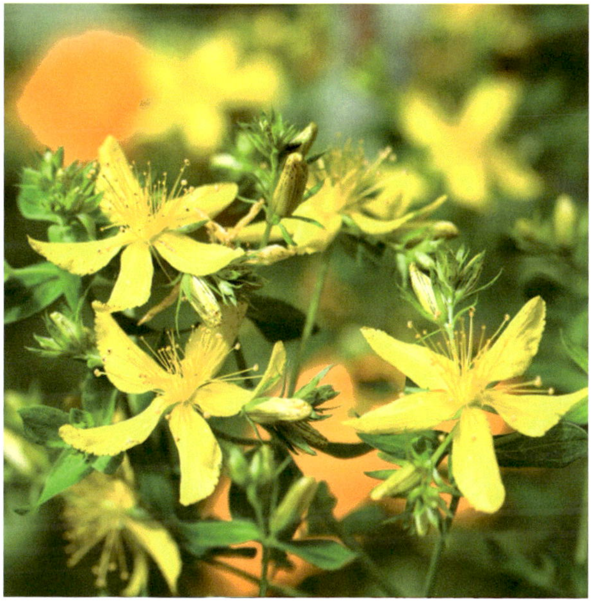

KÖNIGSFARN (Osmunda)

Die schönste Farbe erhält man, wenn man im August die großen Wedel des Königfarns erntet. Für die Färbungen im Winter lassen sie sich gut trocknen. Man erhält ein sanftes, rötliches Beige, das sich sehr gut fürs Färben von Puppenhaarwolle eignet!

Beize:
15 g Alaun
100 g Wolle
1,5 l Wasser
eine Stunde kochen

Färben:
100 g getockneter oder
400 g frischer Königsfarn
100 g gebeizte Wolle

Der Farn wird zerkleinert und eine Stunde in so viel Wasser ausgekocht, dass die Blätter bedeckt sind. Es wird alles über Nacht stehen gelassen. Am nächsten Tag seiht man den Sud ab und kocht anschließend darin die gebeizte Wolle ganz sanft.

Entwicklung:
1/2 TL Eisensulfat

Ein dunkelbeiges Grau erhält man durch Entwicklung. Es ist eine durchaus interessante Farbe im Zusammenklang mit anderen Olivtönen.

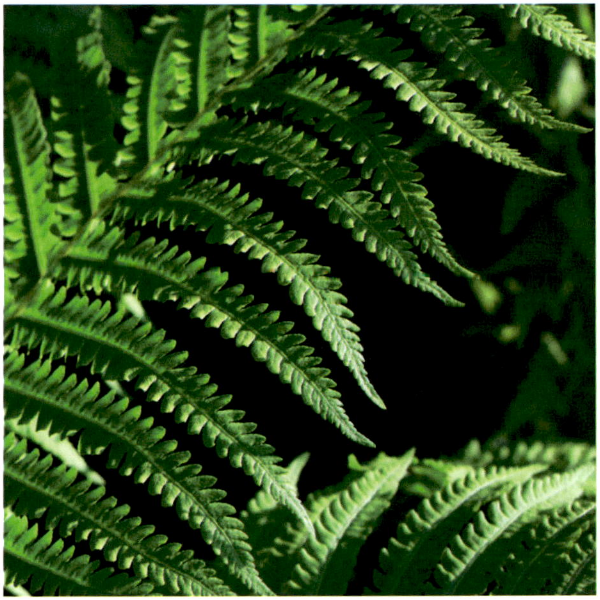

KÖNIGSKERZE (Verbascum)

Auf kalkreichen Böden findet man die bis zu 2 m hohe Königskerze. Man erntet die ausgeblühte Pflanze und verarbeitet sie frisch mit Stiel, Blättern und Blüten.
Mit dieser Färbung erhält man ein schönes warmes Gelb.

Beize:
17 g Alaun
100 g Wolle
1,5 l Wasser
eine Stunde leise kochen

Färben:
400 g frische Königskerze
100 g gebeizte Wolle

Die Pflanzen werden mit der Gartenschere zerkleinert und mit so viel Wasser aufgefüllt, dass die Pflanzenteile bedeckt sind. Eine Stunde lang kocht man sie aus und lässt alles über Nacht stehen. Am nächsten Morgen schüttet man den Sud ab, füllt eventuell mit Wasser auf und kocht darin sanft eine Stunde lang. Anschließend gut spülen.

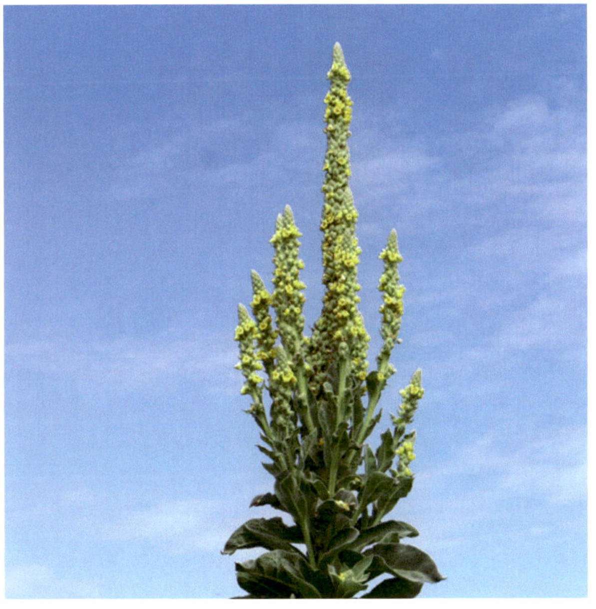

KURKUMA (Curcuma tinctoria)

Für diese Färbung muss man den Farbstoff im Fachhandel bestellen. Hierbei sollte man unbedingt eine Stufenfärbung machen, die vorne beschrieben worden ist (siehe S. 25) denn die Farbe ist sonst nicht lichtecht! Mit Kurkuma färbt man ein sehr schönes kräftiges, klares Gelb, das sich bestens als Grundlage für Überfärbungen zu Grasgrün und Orange eignet.

Beize:
15 g Alaun
100 g Wolle
1,5 l Wasser
eine Stunde kochen

Färben:
40 g Kurkuma
100 g Wolle
1,5 l Wasser

Das Kurkuma wird am Vorabend mit etwas Wasser angeteigt und über Nacht quellen gelassen. Am nächsten Morgen kocht man es mit dem Wasser 30 Minuten aus und fügt dann die gebeizte Wolle hinzu.

Es folgt eine Stufenfärbung, wie sie vorne beschrieben wurde.
Gut gespült kann man anschließend wunderschöne Überfärbungen machen. Siehe dazu die Färbungen zu Orange und Grasgrün! (S. 72 f.)

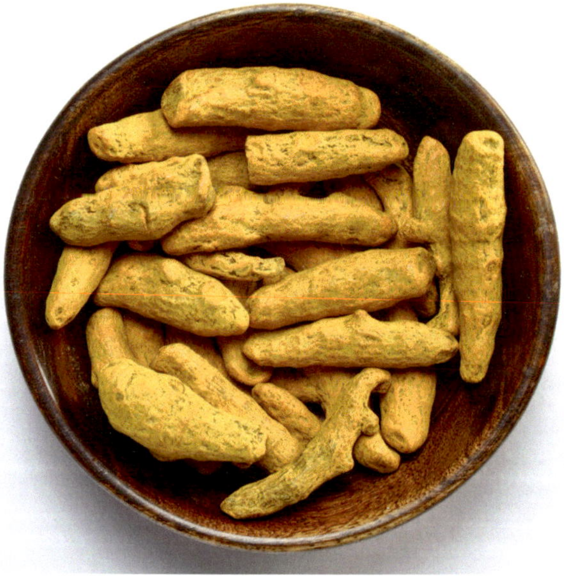

PFERDEAMPFER (Rumex crispus)

Ganz hervorragend eignet sich der Pferdeampfer zum Färben. Man erzielt ein ganz kräftiges Gelb. Die großen Blätter sind an Bächen und feuchten Wegrändern schnell und leicht geerntet. Allerdings geriet mir die Farbe nur mit der frischen Pflanze im Mai und Juni. Sie gehört mit zu meinen liebsten Färbepflanzen. Verwechseln Sie ihn nicht mit dem wilden Meerrettich. Meistens hat der Pferdeampfer eine vertrocknete Blütenrispe vorzuweisen.

Beize:
17 g Alaun
100 g Wolle
1,5 l Wasser
eine Stunde kochen

Färben:
400 g frischer Pferdeampfer
100 g gebeizte Wolle

Die zerkleinerte Pflanze wird gut mit Wasser bedeckt und eine Stunde lang ausgekocht. Man lässt sie über Nacht stehen und kann dann in dem Sud ein herrlich klares Gelb färben, wenn man die gebeizte Wolle auch eine Stunde in dem Sud kocht.

Hervorragend eignet sich dieses Gelb zum Überfärben mit dem dritten Indigobad; so erhält man ein kräftiges Grün.

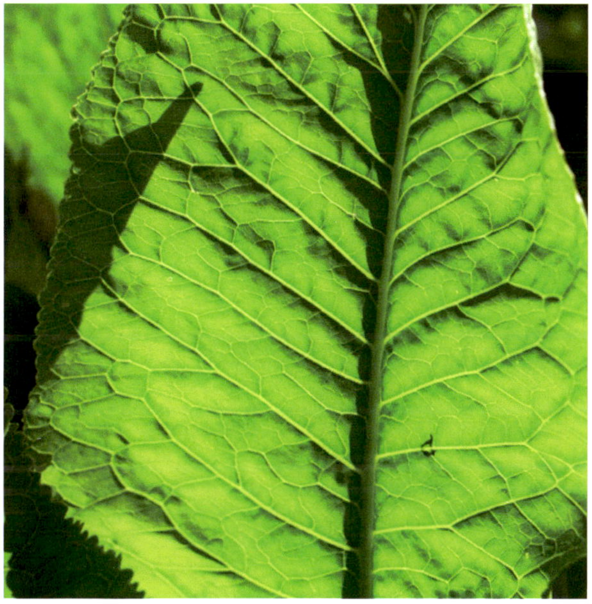

RAINFARN (Tanacetum vulgare)

Überall an den Wegrändern findet man den Rainfarn, der in der Blütendolde die leuchtend gelben Blütenknöpfe hat. Er ist ein Chrysanthemengewächs, das an den Wegrändern zu finden ist. Man erntet die ganze Pflanze, die sich auch gut trocknen lässt. Wenn die Wegränder abgemäht sind, treiben die Pflanzen wieder neu aus, und man kann erneut sammeln. Früher nannte man den Rainfarn auch Wurmfarn, und er wurde als Tee zur Wurmkur verwendet. Beim Färben erhält man ein schönes Grüngelb und entwickelt einen warmen Olivton. Ich schätze diese Pflanze wegen der verlässlich gleich bleibenden Ergebnisse.

Beize:
17 g Alaun
100 g Wolle
1,5 l Wasser
eine Stunde kochen

Färben:
400 g frischen oder
100 g getrockneten Rainfarn
100 g gebeizte Wolle

Der Rainfarn wird zerkleinert, eine Stunde gekocht und über Nacht stehen gelassen. Am nächsten Morgen färbt man die gebeizte Wolle eine Stunde lang, indem man sie kocht. Anschließend wird die Wolle gut gespült.

Entwicklung:
1/2 TL Eisensulfat

Wenn man dem Farbsud Eisensulfat hinzufügt, es gut auflöst und die ungespülte, gefärbte Wolle hineinlegt, erhält man ein warmes, dunkles Olivgrün.

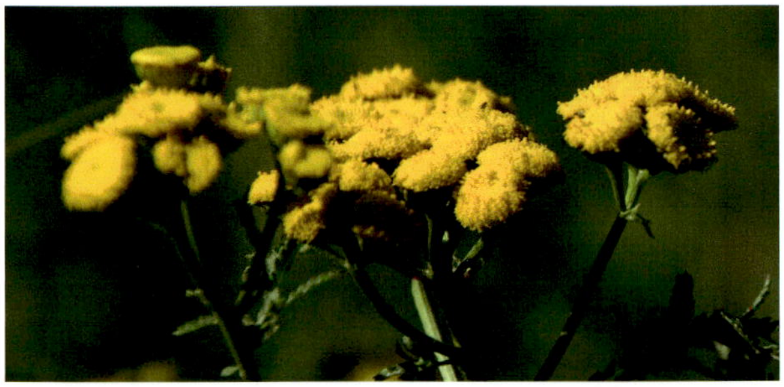

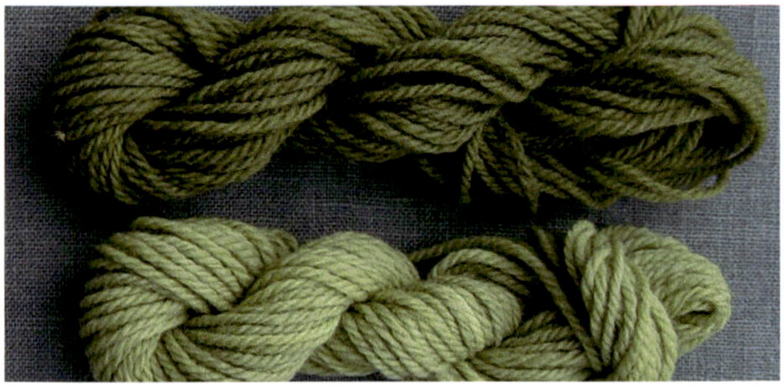

Wolle gefärbt mit Rainfarn und Eisensulfat, erstes Farbbad (oben) sowie mit Rainfarn und Eisensulfat, zweites Farbbad (unten)

RESEDA, WAU (Reseda luteola)

Diese Pflanze wächst an Wegrändern, und sie lässt sich gut im Färbegarten anbauen. Am schönsten werden die Farben nur von den Blüten. Man erhält ein gutes Gelb, mit Pottasche entwickelt wird es ein reines Gelb. Färbt man mit der ganzen Pflanze, wird die Farbe eher grünstichig.

Beize:
17 g Alaun
100 g Wolle
1,5 l Wasser
eine Stunde kochen

Färben:
400 g Reseda
100 g gebeizte Wolle

Die Pflanze wird zerkleinert und eine Stunde mit Wasser bedeckt ausgekocht. Der Geruch erinnert an Kohl! Am nächsten Tag wird die gebeizte Wolle in dem Farbsud eine Stunde lang ausgekocht. Ein reines Gelb erhält man, wenn man dem Färbebad 10 g Pottasche hinzufügt.

Entwicklung:
1/2 TL Eisensulfat

Ein zartes Grün erhält man, wenn man dem Farbbad Eisensulfat zusetzt, es gut auflöst und dann die Wolle 10 Minuten leise köcheln lässt.

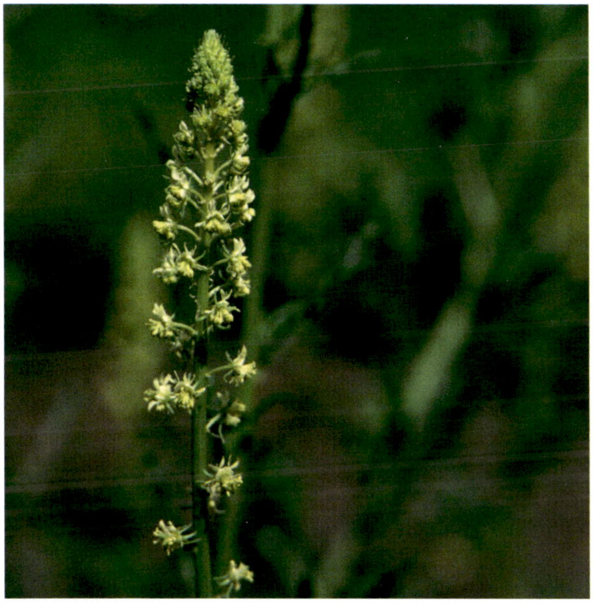

SCHAFGARBE (Achillea millefolium)

Die Schafgarbe wächst an Wegrainen und auf Wiesen und ist leicht an ihren weißen Blütendolden zu erkennen. Sie ist auch unter dem Namen «Zimmermannskraut» bekannt, da ihr Saft eine blutstillende Wirkung hat.
Man färbt mit ihr ein sanftes Beigegelb.

Beize:
17 g Alaun
100 g Wolle
1,5 l Wasser
eine Stunde kochen

Färben:
Es wird mit der ganzen Pflanze gefärbt. Sie wird klein geschnitten und mit Wasser bedeckt eine Stunde lang ausgekocht. Am nächsten Tag schüttet man den Farbsud ab und kocht darin die gebeizte Wolle sanft eine Stunde.

Entwicklung:
1/2 TL Eisensulfat
100 g gebeizte Wolle

Nach dem Färben löst man in dem Sud das Eisensulfat auf und entwickelt darin 10 Minuten die gefärbte Wolle zu einem sanften Oliv.

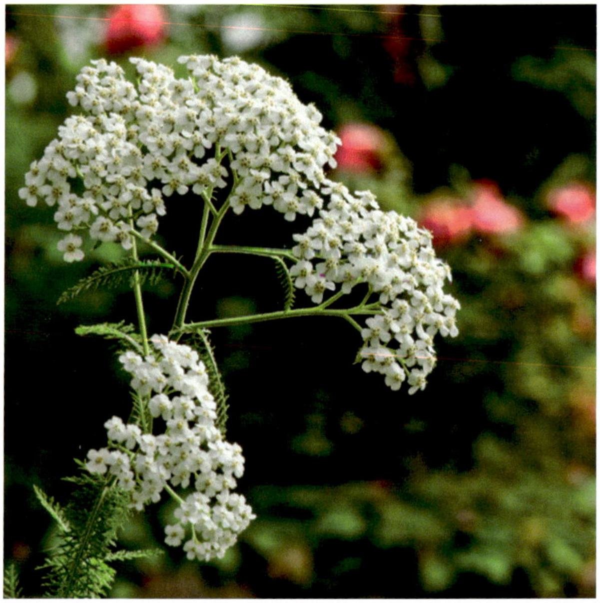

SCHWERTLILIE (Iris)

Die Schwertlilie sollte als Gartenstaude in keinem Färbegarten fehlen, denn mit den frischen Blättern erzielt man ein wunderschönes, sanftes Gelb.

Beize:
17 g Alaun
100 g Wolle
1,5 l Wasser
eine Stunde kochen

Färben:
400 g frische Irisblätter
100 g gebeizte Wolle

Die Blätter werden klein geschnitten und so viel Wasser zugegeben, dass die Blätter bedeckt sind. Man kocht sie eine Stunde aus und lässt den Sud über Nacht stehen. Am nächsten Tag kann man die gebeizte Wolle in dem Bad färben.

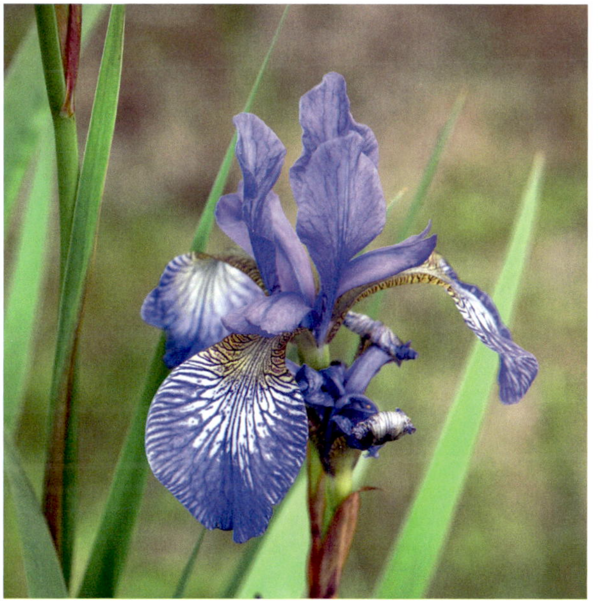

WIESENKERBEL (Anthriscus)

Der Wiesenkerbel wächst üppig an feuchten Wegrändern und sollte nicht mit der «Wilden Möhre» verwechselt werden (von ihr erhält man überhaupt keinen Farbstoff!). Die Stiele des Wiesenkerbels sind gekerbt, man fühlt die Kanten. Die Pflanze sollte vor der Blüte im Mai in einem sonnigen Frühjahr geerntet werden. In verregneten Frühlingszeiten erhielt ich ganz unbefriedigende Ergebnisse. Aber was für ein begeisterndes Gelb und nach einer Entwicklung ein intensives Moosgrün kann man aus dieser Pflanze erhalten!

Beize:
17 g Alaun
10 g Wolle
1,5 l Wasser
eine Stunde kochen

Färben:
400 g frischer Wiesenkerbel
100 g gebeizte Wolle

Der Wiesenkerbel wird zerkleinert und mit Wasser bedeckt eine Stunde lang ausgekocht. Über Nacht lässt man den Sud ruhen, um dann am nächsten Tag die gebeizte Wolle in dem abgeseihten Sud leise kochend eine Stunde zu färben.

Entwicklung:
1/2 TL Eisensulfat
100 g gebeizte Wolle

Nach dem Färben löst man in dem Färbebad das Eisensulfat auf und entwickelt die gefärbte Wolle zu einem herrlichen Moosgrün, indem man sie 10 Minuten lang kocht.

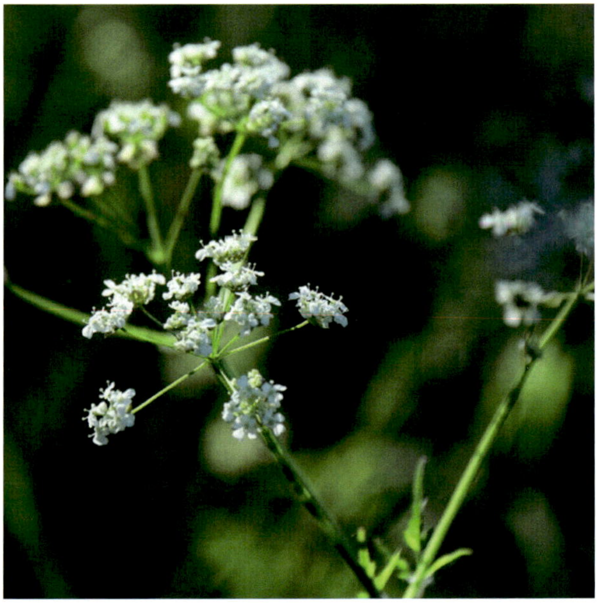

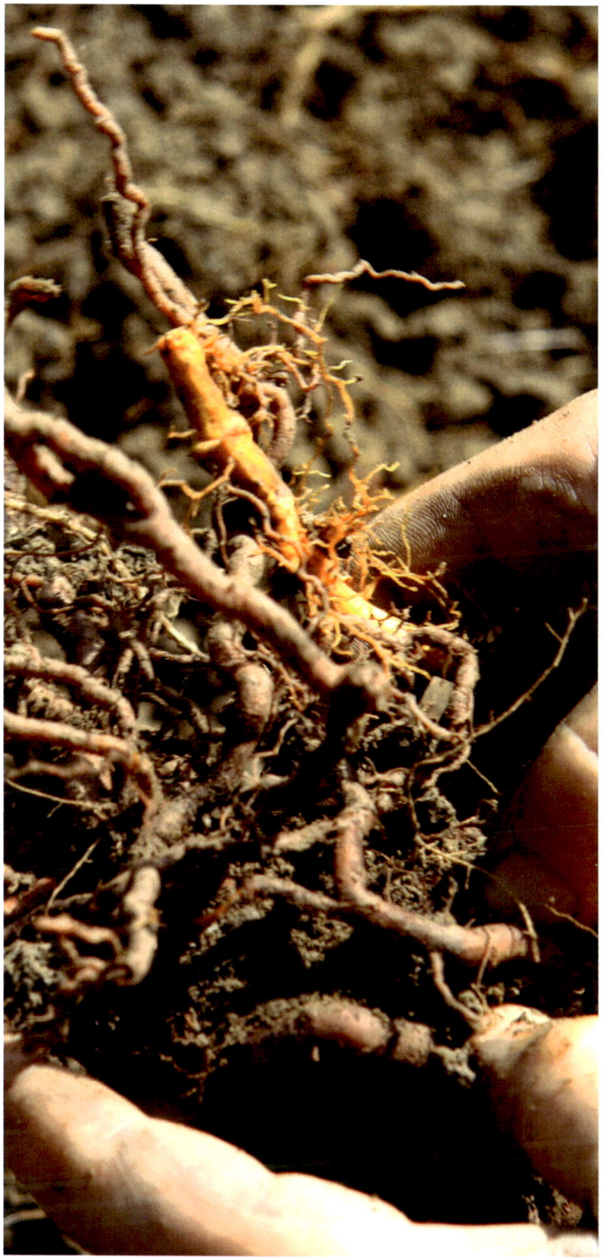

Färben mit Wurzeln

KRAPP (Rubia tinctorum)

Diese sehr alte Färbepflanze ist im Mittelmeerraum beheimatet und liebt karge, kalkhaltige Böden. Ich habe sie in meinem Pflanzengärtchen angebaut, wo sie kräftig gedeiht, was zeigt, dass sie auch in gemäßigtem Klima wächst. Sie bildet lange, kräftige Wurzeln, in denen der Farbstoff enthalten ist. Bis zur Ernte muss man allerdings drei Jahre warten, erst dann werden die Wurzeln ausgegraben und getrocknet. Man erhält Krapp aber auch im Färbedrogenhandel! Mit diesem Farbstoff färbt man wunderschön warme, erdfarbene Rottöne von Backsteinrot bis Lachsrosa. Die Kinder nennen die Farbe gern Fuchsrot.
Nehmen Sie lieber Abstand von gemahlenem Krapp, denn mit ihm erhält man längst nicht so klare Farben.
Wunderschön wirkt die Krappfärbung auf Seide. Versuchen Sie eine Färbung auf Crêpe de Chine!

Beize:
Es erhöht die Farbintensität, wenn die Wolle vier bis sechs Tage vor dem Färben gebeizt wird und in einem Plastiksack feucht gelagert wird.

100 g Wolle oder Seide
15 g Alaun
1 l Wasser
eine Stunde köcheln

Färben:
80 g Krapp
mit warmem Wasser einweichen und
mindestens drei Tage stehen lassen.

2l Wasser werden mit dem eingeweichten Krapp und der gebeizten Wolle ganz langsam innerhalb einer halben Stunde bis auf 70° C hochgeheizt, dann wird eine halbe Stunde lang die Temperatur gehalten und anschließend alles schnell zum Kochen gebracht. Eine viertel Stunde lässt man alles köcheln und holt dann die Wolle aus dem Farbbad. Die Wolle wird gut ausgedrückt, über einer Wanne schüttelt man die Wurzelstücke aus, um sie dann wieder zurück in den Farbtopf zu geben. Ebenso wird der Farbsud zurück in den Topf gegeben. Nun kann man die Nachbäder färben, indem man leise kocht. Die gefärbte Wolle wird gut gespült und dem ersten Spülbad Essig zugesetzt. Ich habe versucht, das Krapp in einen Beutel zu füllen, und es so dem Farbbad beigefügt. Aber das Ergebnis war sehr unbefriedigend. Die einzelnen Farbpigmente konnten sich nicht genügend entwickeln. An diesem Rezept können Sie Ihre Geduld erproben!

Ziegelsteinrot:
Hier ist das Farbbad schwächer als bei dem vorigen Rezept, aber man kann die Farbpalette auf diese Weise erheblich erweitern.

Beize:
10 g Alaun
100 g Wolle oder Seide
1 l Wasser
eine Stunde leise kochen

Färben:
50 g Krapp

Verfahren Sie wie im oben beschriebenen Rezept.

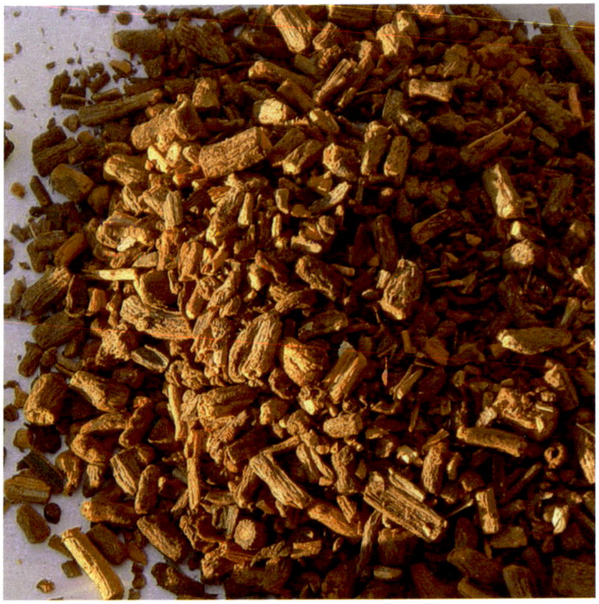

RHABARBER (Rheum)

Wenn im Herbst die Rhabarberstauden abgestochen werden, weil die Pflanze zu groß geworden ist, sollte man unbedingt die Wurzeln säubern, zerkleinern und trocknen. Mit ihnen kann man ein zartes grünliches Gelb färben, das sich gut zum Überfärben mit Indigo zu einem reinen Grün eignet. Außerdem duftet es sehr angenehm beim Färben.

Beize:
15 g Alaun
100 g Wolle
1,5 l Wasser
eine Stunde sanft kochen

Färben:
100 g Rhabarberwurzel
100 g gebeizte Wolle

Die Wurzeln werden zerkleinert und vier Tage lang in Wasser eingeweicht, zwei Stunden in dem Einweichwasser ausgekocht und über Nacht stehen gelassen.

Am nächsten Tag färbt man die gebeizte Wolle eine Stunde lang in dem Sud. Anschließend wird die gefärbte Wolle gut ohne Beigabe von Essig gespült. Um Grün zu erhalten, legt man die gespülte Wolle in das dritte Indigobad.

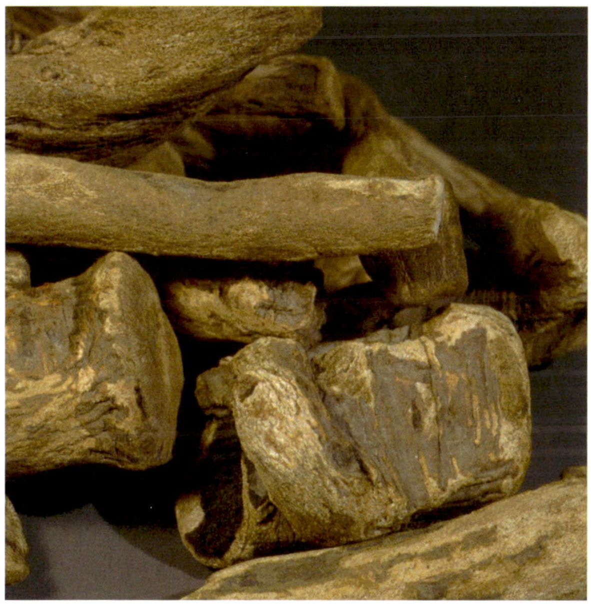

ZWIEBELSCHALEN (Allium cepa)

Das schönste Goldgelb erhält man durch die Färbung mit Zwiebelschalen. Hierbei ist es unbedingt nötig, eine Stufenfärbung durchzuführen, da die Farbe nicht lichtecht ist. Die Stufenfärbung ist eingangs beschrieben (S. 25).

Mit Kindern macht dieses Färben besondere Freude, da sie erst einmal zu Hause die trockenen Schalen sammeln können und dann stolz damit in den Handarbeitsunterricht kommen können, um schließlich bei der Färbung zu erleben, wie «Gold» gemacht wird.

Beize:
17 g Alaun
100 g Wolle oder Seide
1,5 l Wasser
eine Stunde leise köcheln

Färben:
40 g getrocknete Zwiebelschalen
100 g gebeizte Wolle

Die Zwiebelschalen werden direkt zum Färben mit der gebeizten Wolle kalt aufgesetzt und zum Kochen gebracht. Sobald alles kocht, wird die Stufenfärbung durchgeführt.

Entwicklung:
1/2 TL Eisensulfat

Wird der gefärbten Wolle aufgelöstes Eisensulfat beigemengt, so erhält man ein warmes Olivgrün. Auf Seide erhält man ein Bronze mit nur einer Prise Eisensulfat.

1/2 TL Pottasche

verstärkt das Goldgelb in rötliche Richtung.

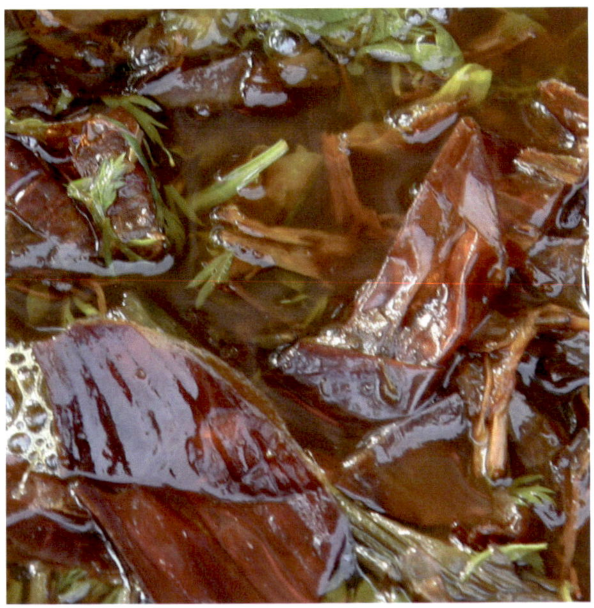

Färben mit Holz

BLAUHOLZ (Haematoxylum campechianum)

Im Handel ist Blauholz auch unter dem Namen Campechholz in Form von Spänen erhältlich. Es stammt vom Kernholz des Blutbaumes, der in Mittelamerika wächst. Die Farbe ist nicht lichtecht und zum Färben von Wolle nicht so gut geeignet, aber auf Seide wirkt sie sehr edel von Blauviolett bis Zartlila.

Beize:
17 g Alaun
100 g Seide
1,5 l Wasser
3/4 Stunde bei 70° C

Färben:
15 g Blauholzspäne
die gebeizte Seide

Es empfiehlt sich, die Späne in einen kleinen Wäschesack, wie man ihn auch für die empfindliche Wäsche in der Waschmaschine benutzt, zu füllen und am Vorabend in Wasser bedeckt eine Stunde lang auszukochen. Über Nacht lässt man den Sud stehen und kann am nächsten Tag darin die gebeizte Seide darin bei 70° C ziehen lassen.

Probieren Sie auch unbedingt eine Färbung ohne Beize!

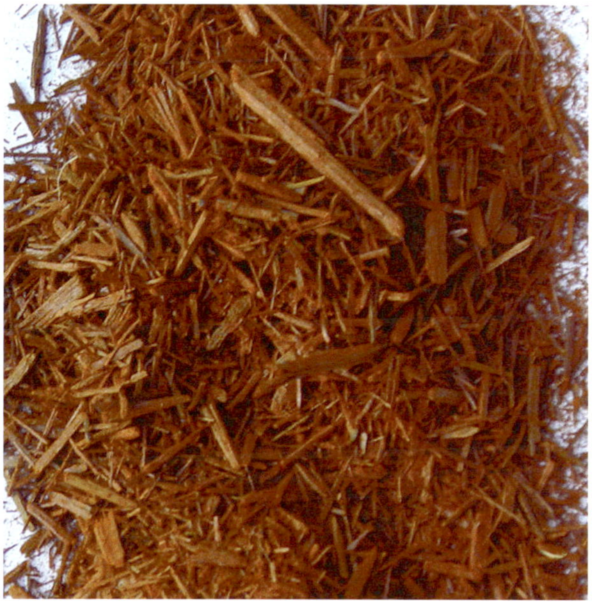

GELBHOLZ (Färbermaulbeerbaum, Morsus)

Wie alle Farbhölzer kommt auch das Gelbholz oder Fustic aus Mittelamerika und ist über den Fachhandel in Form von Spänen erhältlich. Man färbt damit schöne klare Gelbtöne, die aber nicht lichtecht sind.

Beize:
17 g Alaun
100 g Wolle
1,5 l Wasser
eine Stunde kochen

Färben:
100 g Gelbholz
100 g gebeizte Wolle

Das Gelbholz wird in einem Wäschesäckchen, wie es zum Waschen für Feinwäsche in der Waschmaschine benutzt wird, eingeweicht und eine Stunde lang ausgekocht. Am nächsten Tag wird in dem Sud eine Stunde lang sanft kochend gefärbt. Man erhält ein warmes Goldgelb und im zweiten Farbbad ein klares Gelb.
Mit einer Direktbeize und etwas weniger Farbstoff erhält man auch ein klares Gelb.

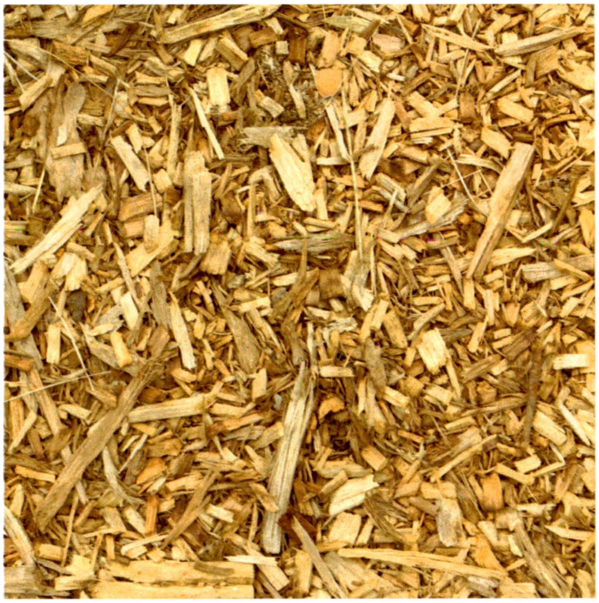

ROTHOLZ (Pernambuco; Caesalpina echinata)

Ein ganz warmes Rot erhält man durch das Färben mit Rotholz, das auch unter dem Namen Brasilholz im Fachhandel erhältlich ist. Fernambukholz spielt auch im Geigenbau eine wichtige Rolle: Aus ihm werden Bögen für Geigen, Bratschen und Celli gebaut.
Während das Krapprot mehr Gelbanteile enthält, sind im Rotholzrot mehr Blauanteile. Je länger das Rotholz eingeweicht wird, umso kräftiger wird die Farbe. Sehr schön wirkt das Rotholzrot auf Seide.

Beize:
17 g Alaun
100 g Wolle
1,5 l Wasser
eine Stunde bei 75° C warmhalten

Färben:
Die Rotholzspäne werden fünf Tage lang in einem Wäschesäckchen eingeweicht. Am Färbetag werden die eingeweichten Späne mit dem Farbwasser eine Stunde lang ausgekocht und die Temperatur auf 75° C abgesenkt (indem man kaltes Wasser zufügt). Anschließend wird die gebeizte Wolle in dem 75° C heißen Sud mit den Spänen im Wäschebeutel eine Stunde lang gefärbt. An diesem Rezept ist lange probiert worden, aber auf diese Weise behält die Farbe einen schönen Glanz, während sie nach dem Kochen stumpf aussah.
Ein zartes Lachsrosa erhält man bei einem zweiten Farbbad. Hier darf die Wolle gekocht werden.

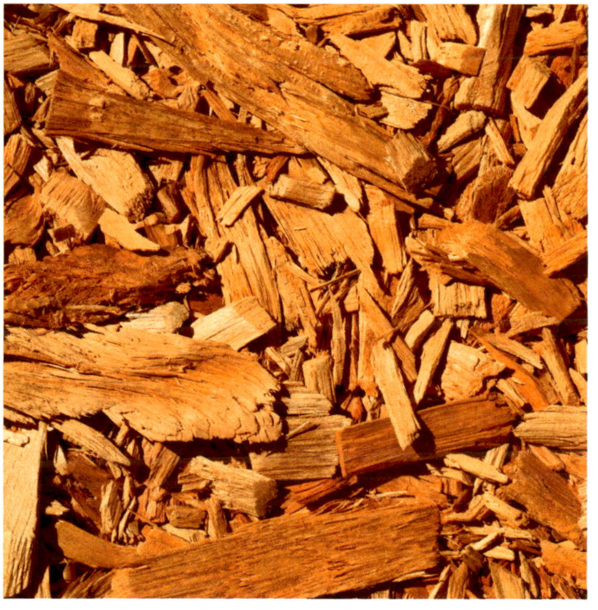

Färben mit Rinden

APFELBAUMRINDE (Malus)

Mit der Rinde des Apfelbaumes kann man ein sehr klares und äußerst haltbares Gelb färben. Dazu muss die Rinde mit dem Bast direkt über dem Holz abgeschält werden; dies geht bei jüngeren Ästen leichter. Auf keinen Fall sollte es die Rinde von alten Ästen sein, die womöglich schon bemoost sind! Wenn im Frühjahr die Obstbäume geschnitten werden, ist es die Zeit zum Schälen und Trocknen.

Beize:
17 g Alaun
1,5 l Wasser
100 g Wolle
eine Stunde köcheln

Färben:
30 g getrocknete Apfelbaumrinde
100 g gebeizte Wolle

Man braucht erstaunlich wenig Rinde im Gewichtsverhältnis zur Wolle. Die Rinden werden einige Tage in so viel warmem Wasser eingeweicht, dass sie bedeckt sind. Anschließend kocht man sie eine Stunde lang aus und lässt sie über Nacht stehen. Am folgenden Tag färbt man die gebeizte Wolle eine Stunde lang leise kochend. Nutzen Sie unbedingt das zweite Farbbad, es wird ein schönes klares, helles Gelb.

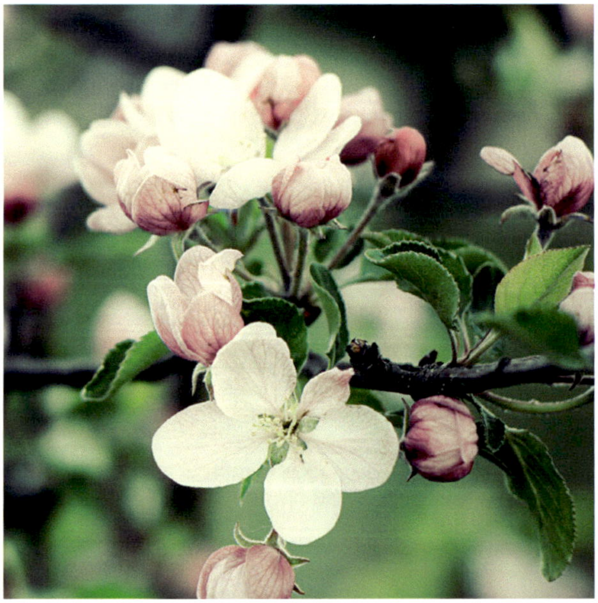

Birkenrinde (Betula)

Farben von Rötlichgelb bis Rotbraun erhält man beim Färben mit Birkenrinden, wobei die Farben durch Alaunbeize intensiver werden. Hier ist das Rezept für Rotbraun:

Beize:
17 g Alaun
100 g Wolle
1,5 l Wasser
eine Stunde sanft kochen

Färben:
150 g getrocknete Birkenrinde
100 g gebeizte Wolle

Die Rinden werden einige Tage mit warmem Wasser eingeweicht, anschließend eine Stunde lang ausgekocht und über Nacht stehen gelassen. Am folgenden Tag wird die gebeizte Wolle in dem Sud eine Stunde leise kochend gefärbt.

Ein Rötlichgelb erhält man nach dem gleichen Rezept, nur ohne Beize!

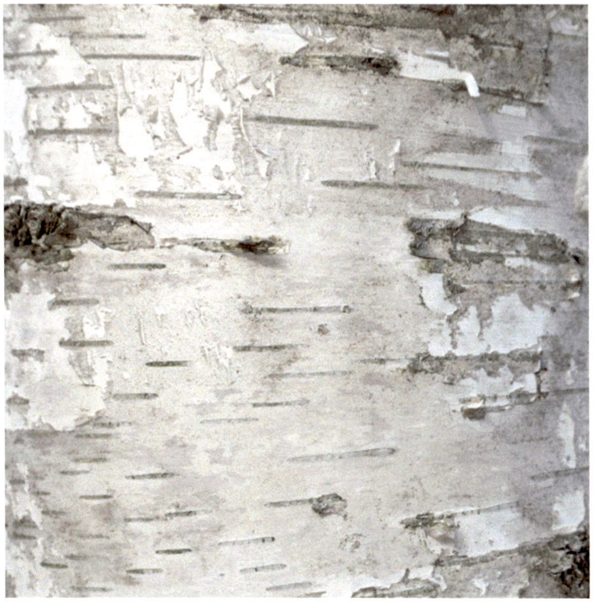

FAULBAUMRINDE (Rhamnus frangula)

Der Faulbaum ist ein Kreuzdorngewächs, das strauchartig an Bachufern und auf feuchten Böden wächst. Er hat grüne Doldenblüten und später von Grün über Rot ins Violett gehende Beeren. Man färbt mit der Rinde, die ein Jahr lang gelagert sein muss. Die Rinde wird auch als Heilmittel genutzt, z.B. zum Abführen bei Würmern und zum Gallenfluss, und früher wurde sie noch zur Herstellung von Schießkohle benutzt. Man erhält sie auch im Fachhandel. Ich habe diesen Farbstoff seines warmen Bronzegelbs wegen so gerne.

Beize:
Direktbeize,
d.h. man fügt dem Farbbad direkt
18 g Alaun hinzu

Färben:
60 g Faulbaumrinde
100 g Wolle oder Seide

Die Faulbaumrinde wird zwei Tage in warmem Wasser eingeweicht, dann ausgekocht und über Nacht stehen gelassen.

Am nächsten Tag wird die Wolle mit dem Alaun zusammen kochend gefärbt.
Man kann gut einen zweiten Zug färben.
Probieren Sie auch, ohne Beize zu färben!

Entwicklung:
1 TL Pottasche
nach dem Färben bringt eine Farbveränderung zu Rotbraun.

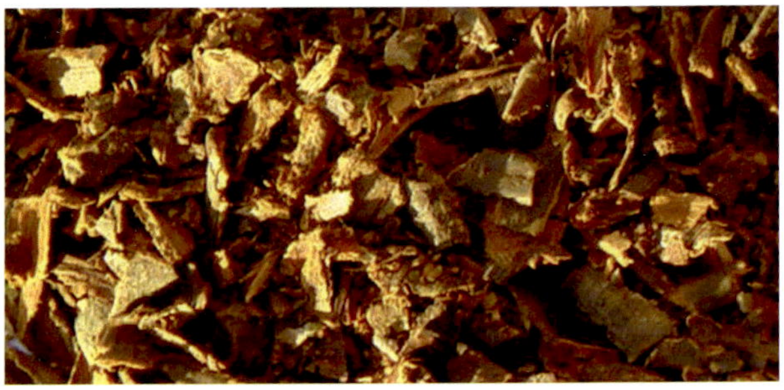

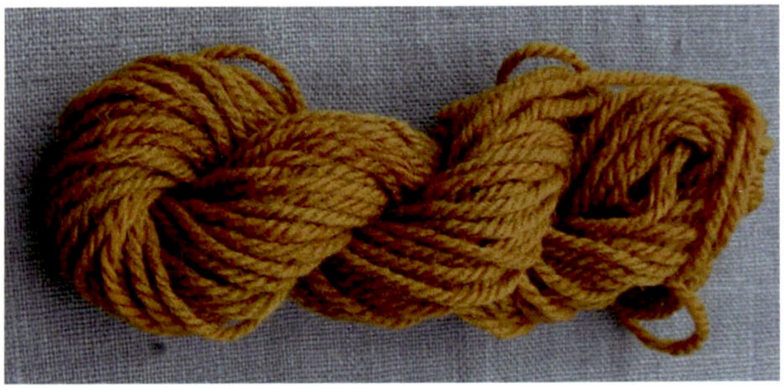

Wolle gefärbt mit Faulbaumrinde

KIRSCHBAUMRINDE (Prunus)

Wie auch bei der Apfelbaumrinde müssen die jungen Zweige direkt über dem Holz abgeschält werden, weil in dem Bast der Farbstoff enthalten ist. Jedoch wird bei diesem Rezept ohne Beize gearbeitet. Man erhält ein ganz verhaltenes, helles Rostbraun. Wenn mit einer 17-prozentigen Aulaunbeize gearbeitet wird, erhält man ein klares Gelb.

Färben:
70 g Kirschbaumrinde getrocknet
100 g Wolle

Die Rinden werden zwei bis drei Tage in so viel Wasser eingeweicht, dass sie eben bedeckt sind. Am Vorabend werden sie eine Stunde lang ausgekocht. Zum Färben am nächsten Tag wird der Sud abgeschüttet, die Wolle eingelegt und alles eine Stunde lang sanft gekocht.

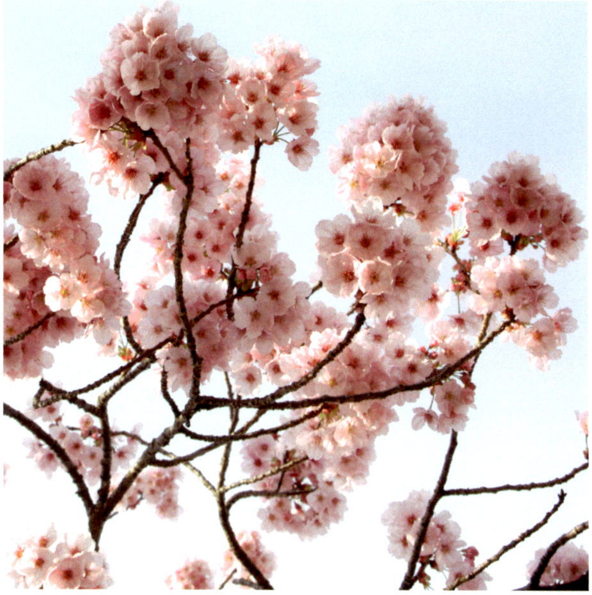

PFLAUMENBAUMRINDE (Prunus domestica)

Wie bei der Kirschbaumrinde wird von den jungen Zweigen die Rinde mit dem Bast direkt über dem Holz abgeschält und getrocknet Bei diesem Rezept kann man ohne Beize ein bräunlicheres Rost als bei der Kirschbaumrinde erhalten. Diese Farbe wirkt im Zusammenklang mit einem helleren Indigoblau sehr apart.
Natürlich kann man auch hier durch Beizen mit 17 g Alaun auf 100 g Wolle eine weitere Farbe, nämlich ein klares Gelb, erhalten.

Färben:
70 g getrocknete Pflaumenbaumrinde
100 g Wolle

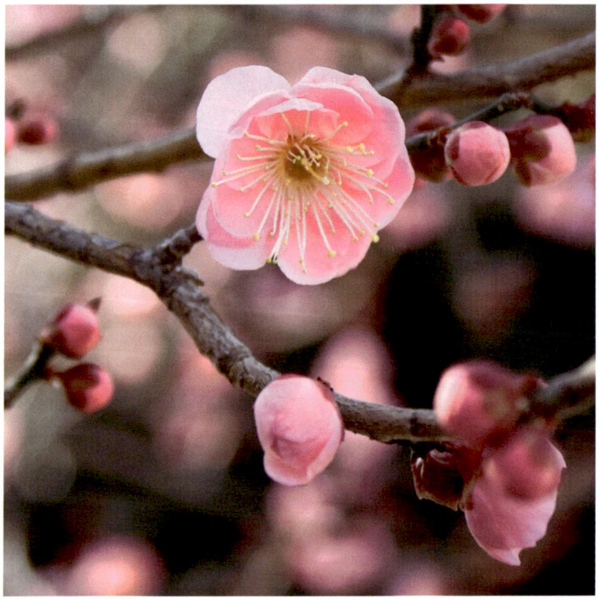

Die Rinden werden zwei bis drei Tage in Wasser eingeweicht, am Vorabend eine Stunde lang ausgekocht und über Nacht stehen gelassen. Am folgenden Tag wird der Sud abgeschüttet und die angefeuchtete Wolle darin eine Stunde lang sanft gekocht.

Färben mit Blättern

BIRKENBLÄTTER (Betula)

Birkenblätter lassen sich sehr gut getrocknet verarbeiten. Sie gehören auch zu meinen bevorzugten Färbepflanzen, da man immer verlässliche, gleich bleibende und sehr lichtechte Ergebnisse erhält. Mit ihnen färbt man ein kräftiges Zitronengelb, das sich sehr gut zum Überfärben mit Indigo zu allen Grün- und Türkistönen eignet. Natürlich kann man auch mit der vierfachen Menge frischer Blätter färben. Man bekommt die Birkenblätter in geschnittener Form im Fachhandel, dann sind sie besonders ergiebig.

Beize:
17 g Alaun
100 g Wolle oder Seide
1,5 l Wasser
eine Stunde kochen

Färben:
30 g geschnittene Birkenblätter (oder 70 g selbst gesammelte, getrocknete Blätter)
100 g gebeizte Wolle

Nach vielen Versuchen hat sich folgende Vorgehensweise als die mit den schönsten Ergebnissen gezeigt:

Erst am Färbetag werden die abgewogenen, geschnittenen Blätter in einem Wäschesack mit so viel Wasser aufgesetzt, dass sie bedeckt sind, und eine Stunde ausgekocht. Nun wird die gebeizte Wolle zugefügt, die Blätter in dem Beutel lässt man während des anschließenden Färbens im Topf, da sie immer noch Farbe abgeben. Wenn man die Wolle nicht stark bewegt, kann man sie ruhig in die abgekühlte, gebeizte Färbebrühe legen, ohne dass sie filzt. Auf diese Weise erhält man ein schönes klares Gelb. Man sollte unbedingt die Nachfarbe im zweiten Bad nutzen!

Entwickeln:
1/2 TL Eisensulfat dem Färbebad hinzufügen (vorher die Wolle aus dem Bad nehmen!), dann erhält man ein bronzenes Grün.

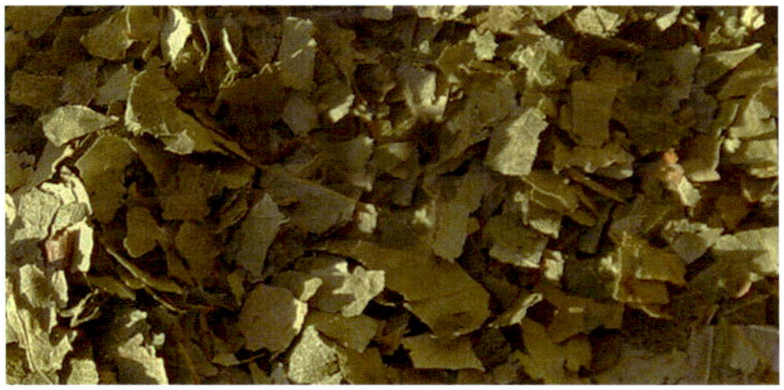

BIRNBAUMBLÄTTER (Pyrus communis)

Im September habe ich einmal versucht, mit den Blättern des Birnbaums in unserem Garten zu färben. Das Ergebnis war ein ganz tiefes Olivgrün nach Entwicklung mit Eisensulfat. Die Farbe passte sehr schön in die ganze Olivpalette, die ich für eine Herrenstrickjacke hergestellt hatte. Vor der Entwicklung wurde die Wolle gelb.

Beize:
17 g Alaun
100 g Wolle
1,5 l Wasser
eine Stunde kochen

Färben:
400 g frische Birnbaumblätter
100 g gebeizte Wolle

Die Birnbaumblätter werden eine Stunde lang ausgekocht, und am anderen Tag wird in dem Sud eine Stunde lang die gebeizte Wolle sanft gekocht.

Entwicklung:
1/2 TL Eisensulfat

Nachdem man die gefärbte Wolle aus dem Färbebad genommen hat, wird das Eisensulfat gut im Sud aufgelöst und die gefärbte Wolle wieder eingelegt. Man kocht alles so lange, bis die gewünschte Farbtiefe aufgezogen ist. Eventuell fügt man noch etwas Eisensulfat hinzu, wenn man mehr Dunkelheit haben möchte. Anschließend wird gut mit Essig gespült.

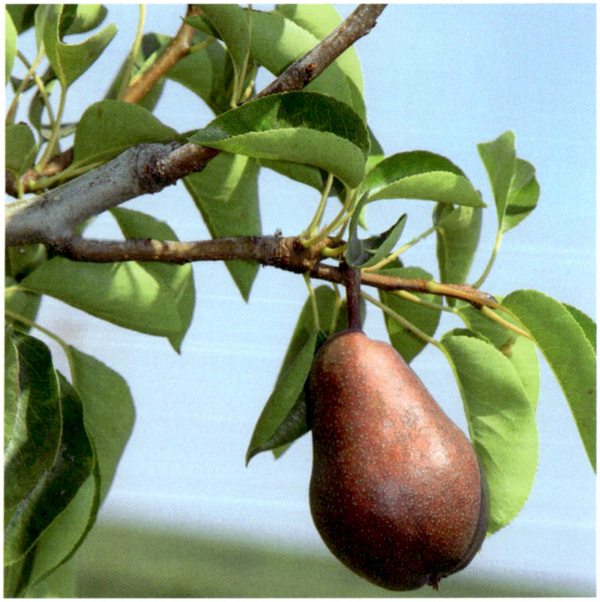

BROMBEERBLÄTTER (Rubus fruticosus)

Bis in den Juni hinein kann man die vorderen Triebe der Brombeere ernten und anschließend für die Färbungen im Winter trocknen. Man kann sie dann auch gut als Tee verwenden. Mit Brombeerblättern färbt man ein sanftes Gelb, das man zu einem tiefen Dunkeloliv entwickeln kann.

Beize:
100 g Wolle
17 g Alaun
eine Stunde sanft kochen

Färben:
400 g frische oder
100 g getrocknete Brombeerblätter
100 g gebeizte Wolle

Arbeiten Sie lieber mit Gartenhandschuhen, da sowohl die Blätter als auch die Ranken grobe und feine Dornen haben. Alles wird gut zerkleinert und mit Wasser bedeckt eine Stunde lang ausgekocht. Wenn Sie getrocknete Blätter verwenden, sollten sie zwölf Stunden eingeweicht werden.

Nach dem Auskochen lässt man den Sud über Nacht stehen und färbt am nächsten Tag mit der gebeizten Wolle in dem abgeseihten Sud eine Stunde lang leise köchelnd.

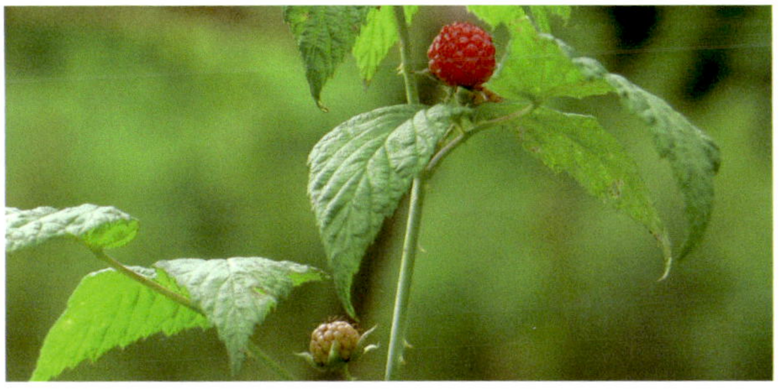

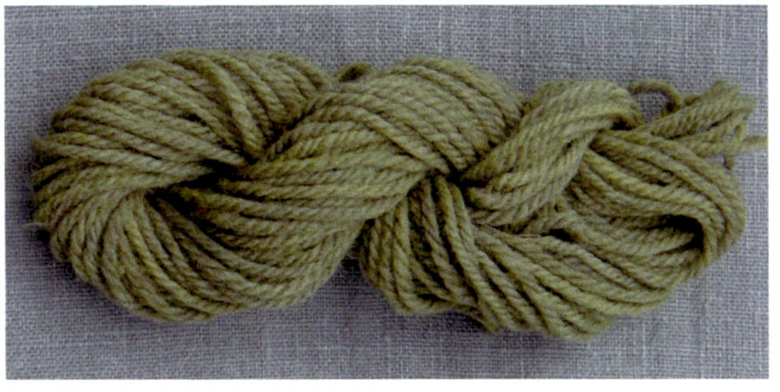

Wolle gefärbt mit Brombeerblättern und Eisensulfat

EICHENBLÄTTER (Quercus)

Im Sommer geerntet, eignen sich die Eichenblätter sehr gut zum Trocknen. Man färbt mit ihnen mattes, silbriges Gelb, und entwickelt erhält man ein sanft silbriges Oliv.

Beize:
17 g Alaun
100 g Wolle
1,5 l Wasser
eine Stunde kochen

Färben:
100 g getrocknete Eichenblätter
100 g gebeizte Wolle

Die Eichenblätter werden eben mit Wasser bedeckt. Nachdem wir sie einige Stunden oder einen Tag eingeweicht haben, werden sie eine Stunde lang ausgekocht. Über Nacht wird der Sud stehen gelassen, und am nächsten Tag seiht man die Blätter ab, in der Färbebrühe wird eine Stunde lang sanft kochend gefärbt.

Entwicklung:
1/ 2 TL Eisensulfat

Die Wolle wird aus dem Farbbad genommen und das Eisensulfat darin aufgelöst, die Wolle wird wieder eingelegt und etwa 10 Minuten verdunkelt. Anschließend wird gründlich gespült.

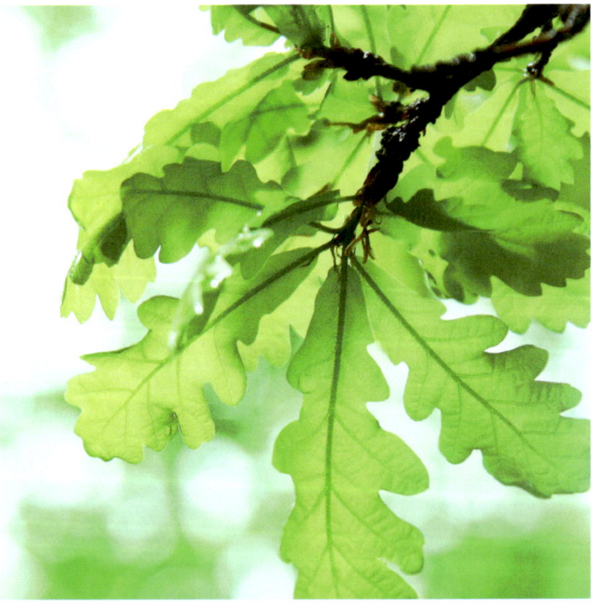

KASTANIENBLÄTTER
(Aesculus hippocastanum)

Mit frischen Kastanienblättern habe ich eine große Überraschung erlebt! Der Zeitpunkt der Ernte scheint für das Färben sehr wichtig zu sein, denn Färbungen aus Blättern, die ich schon Anfang Mai sammelte, ergaben ein wunderschönes Rostbeige, während ich aus den im August gesammelten Blättern ein Honiggelb erhielt. Probieren Sie es doch auch einmal aus, zumal sich Kastanienblätter leicht und schnell sammeln lassen!

Beize:
17 g Alaun
100 g Wolle
1,5 l Wasser
eine Stunde kochen

Färben:
400 g frische Kastanienblätter
die gebeizte Wolle

Die Blätter werden in so viel Wasser eingeweicht, dass sie bedeckt sind, und eine Stunde lang ausgekocht. Über Nacht wird alles stehen gelassen. Am nächsten Tag wird der Sud abgeschüttet und darin eine Stunde lang köchelnd gefärbt.

Entwicklung:
1/2 TL Eisensulfat

Ein sanftes Grün erhält man durch die Zugabe von Eisensulfat.

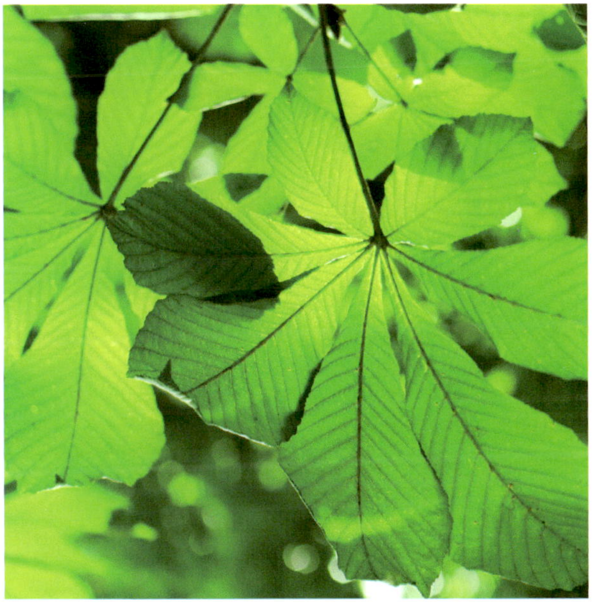

Färben mit anderen Pflanzenteilen

BERBERITZE (Berberis vulgaris)

Als in unserer Schule die Berberitzenhecke geschnitten wurde, fragte der Gärtner, ob ich mit dem Heckenschnitt färben wolle. Nachdem die Äste zu Spänen geschnitzt und dann getrocknet worden waren, wurden sie zu einem nächsten Färbetermin probiert.

Beize:
14 g Alaun
100 g Wolle
1,5 l Wasser
eine Stunde kochen

Färben:
80 g getrocknete Späne der Berberitze
100 g gebeizte Wolle

Die Späne wurden drei Tage eingeweicht und drei Stunden ausgekocht. In dem Sud wurde eine Stunde gefärbt, und man erhielt ein warmes Gelb.

Entwicklung:
1/4 TL Eisensulfat
100 g gefärbte Wolle
1/2 Stunde leise köcheln

Nach dem Auflösen des Eisensulfates in dem Färbesud erhält man nach längerem Entwickeln ein sehr schönes Moosgrün.

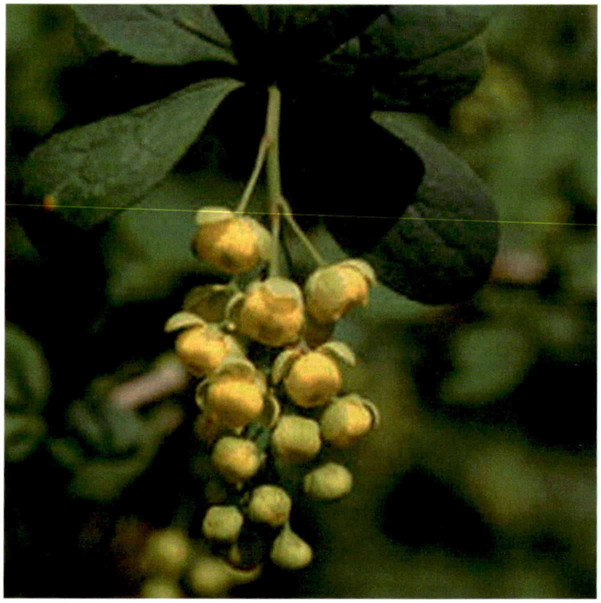

FLECHTEN (Parmelia omphales)

Es gibt viele unterschiedliche Arten von Flechten. Zum Färben von Wolle für Puppenhaare eignet sich sehr gut die Steinschüsselflechte. Man findet sie vorwiegend in Norwegen und in den Vogesen an Steinen wachsend. Da die Flechten lange Zeit zum Wachsen brauchen, sollte man nie zu viele Flechten von einer Stelle ernten. Am Besten lassen sie sich bei Feuchtigkeit sammeln. Es ist kein großer Aufwand nötig, um diese warme, blonde Farbe herzustellen. Die Wolle wird nicht gebeizt!

Färben:
eine Hand voll getrockneter
Steinschüsselflechten
100 g Wolle

Man legt die angefeuchtete Wolle in einen Topf und streut die getrockneten Steinschüsselflechten darüber. Es wird mit warmem Wasser aufgefüllt und der Topf stehen gelassen. Nach einigen Stunden nimmt man die Wolle aus dem Färbebad, schüttelt die Flechten aus, legt die Wolle erneut in den Topf und streut auch die Flechten wieder darüber. So erhält man eine in sich fleckige, ganz natürlich wirkende Farbe. Zur Beendigung des Färbevorganges werden die Flechten ausgeschüttelt und die Wolle gut gespült.

Man kann einen weiteren Strang Wolle in diesem Farbbad färben, indem man den Farbsud mit der Wolle eine Stunde leise köchelt.
Wunderschön wirkt die Farbe auch auf Seidentüchern!

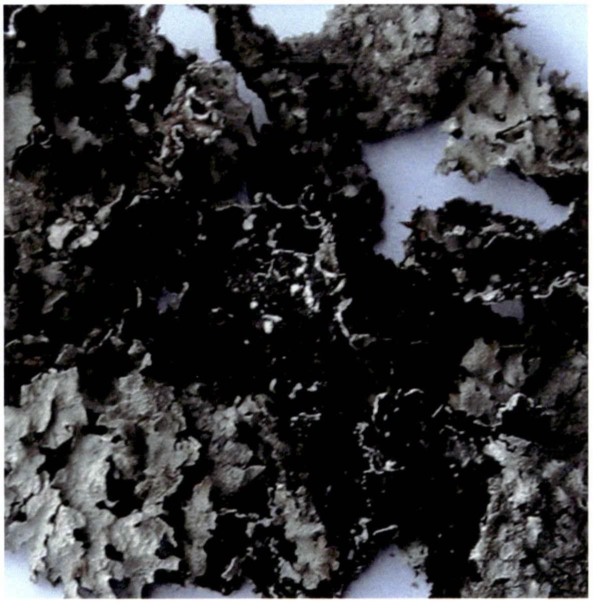

KATECHU (Acacia catechu)

Katechu kommt aus dem Kernholz der Akazie und ist ein Mimosengewächs. Man bekommt es pulverisiert oder in Brocken, die man dann mahlen muss, im Fachhandel.

Beim Auflösen des Katechupulvers in Wasser wird die Geduld sehr auf die Probe gestellt, denn erhitzt man alles zu schnell, bildet sich unmittelbar ein dicker, klebriger Klumpen. Also muss man langsam in etwas Wasser unter ständigem Rühren am Topfboden entlang die Temperatur bis zum Kochen immer höher stellen. Hier hat sich ein großer Schneebesen gut bewährt.

Man benötigt keine Beize.

Färben:
40 g Katechu
100 g Wollle
1,5 l Wasser

Wenn das Katechu aufgelöst ist, wird das Farbbad mit Wasser aufgefüllt und die angefeuchtete Wolle eingelegt. Man färbt eine Stunde leise köchelnd zu einem schönen hellen Rotbraun.

Entwicklung:
1/2 TL Eisensulfat

Nimmt man die gefärbte Wolle aus dem Farbbad, gibt ihm das Eisensulfat zu, löst es gut auf und fügt dann die gefärbte Wolle wieder hinzu, so erhält man ein rötliches Dunkelbraun. Natürlich muss anschließend wieder sorgfältig gespült werden.

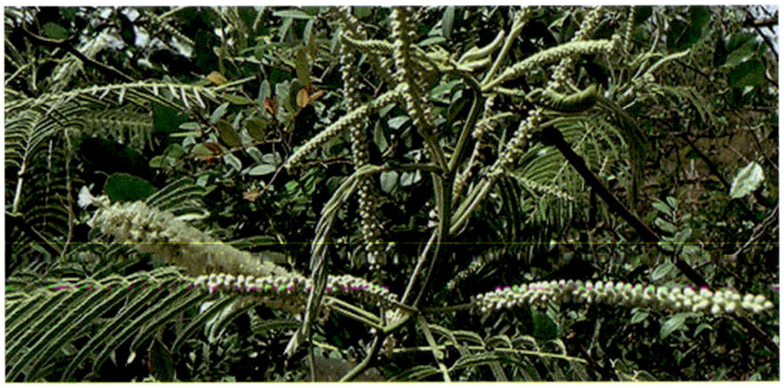

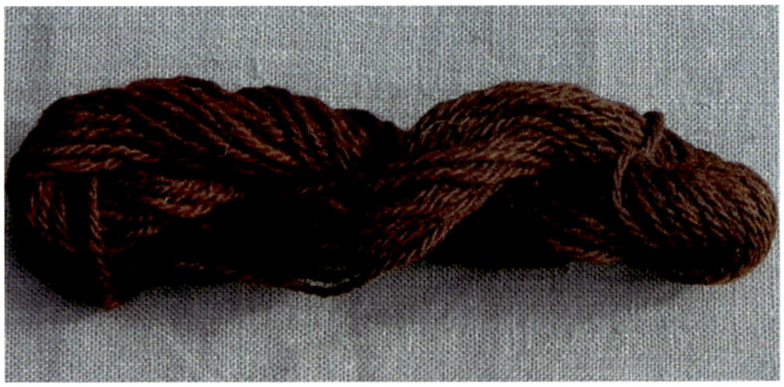

Wolle gefärbt mit Katechu und Eisensulfat

WALNUSSSCHALEN
(Cortex nucum juglandium)

Wenn im Herbst die Walnüsse reif werden, sollte man wachsam sein. Denn mit den grünen Schalen der Walnuss lassen sich sehr farbechte Brauntöne sowohl kalt als auch kochend färben. Wichtig ist, dass die Schalen noch grün und nicht braun oder schwarz oxidiert sind. Die Schalen sind gerbsäurehaltig, dadurch ist eine Beize nicht nötig. Eine Färbung mit getrockneten Walnussschalen aus dem Fachhandel war sehr enttäuschend, da ich nur ein mattes Beige damit hinbekommen habe. Auch von netten Menschen gesammelte, heruntergefallene Schalen brachten enttäuschende Ergebnisse. Die frischen, grünen Schalen müssen sofort in einem Gefäß mit Regenwasser (destilliertes Wasser geht auch!) eingeweicht werden, dann kann man die Walnussschalen eine gute Woche aufbewahren; die Schalen müssen aber mit dem Wasser bedeckt sein, damit sie durch den Sauerstoff der Luft nicht oxidieren.

keine Beize

Färben:
1000 g grüne Walnussschalen
100 g Wolle
1,5 l Regenwasser

Erst einmal werden die Walnussschalen mit Regenwasser bedeckt über 24 Stunden eingeweicht. Anschließend wird die Wolle angefeuchtet und ganz unter den Farbsud gedrückt. Zwei Tage lang lässt man alles stehen. Und wenn man nun die Wolle aus dem Färbebad nimmt, sieht sie erst einmal gelblichgrün aus. Dies ändert sich langsam durch den Oxidationsprozess an der Luft. Warten Sie so lange, bis sich die Farbe nicht mehr verändert. Das Ergebnis wird ein schönes Orangebraun. Nun können Sie die Wolle spülen.

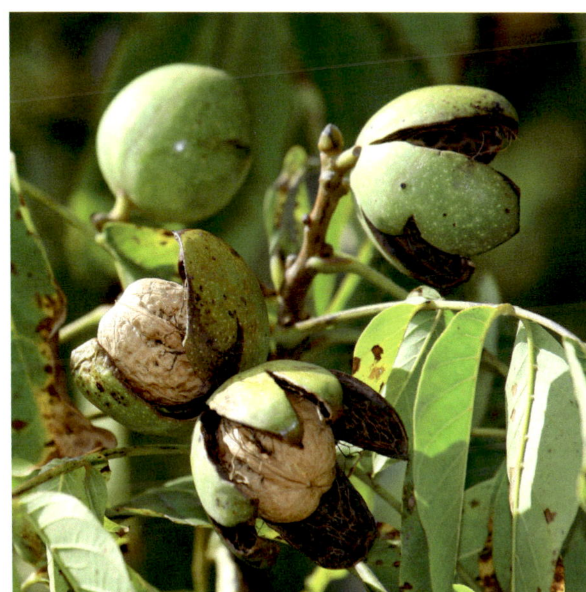

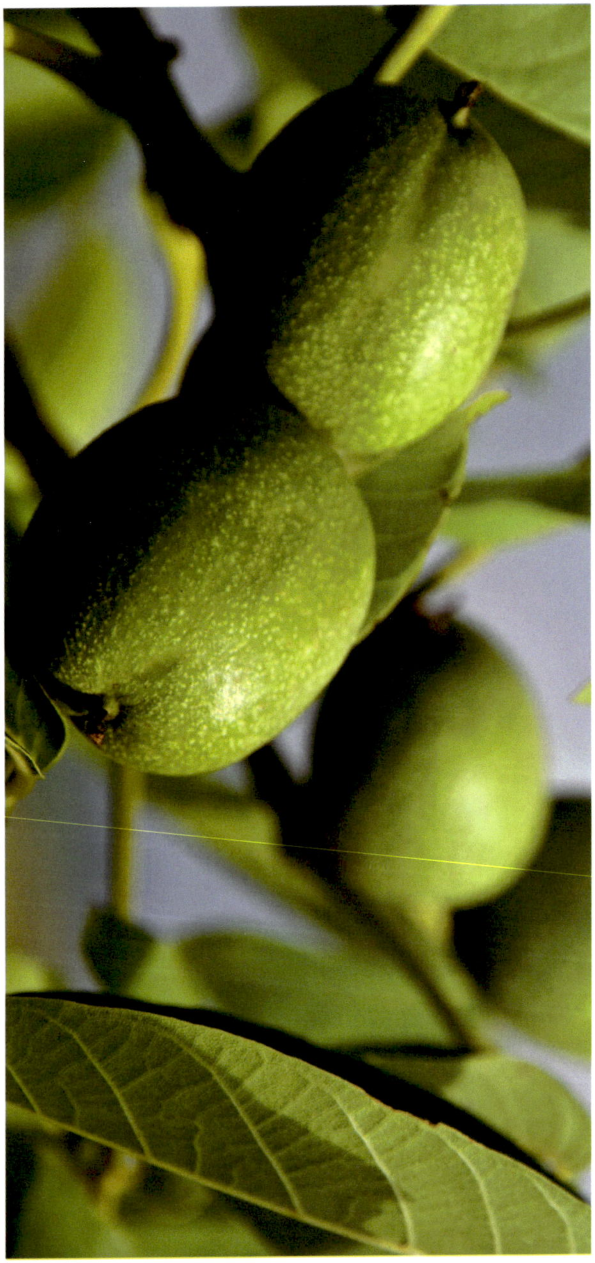

Zweite Färbung:
keine Beize

Mit dem angesetzten Farbsud kann man nun weiterfärben, indem man mit Wasser auffüllt und 200 g Wolle einlegt und alles bis 40° C hochheizt. Die Temperatur wird zwei Stunden lang gehalten. Nach dem Färben wird die Wolle gut gespült.

Dunkelbraun:
keine Beize

Färben:
100 g grüne Walnussschalen
100 g Wolle
4 l Regenwasser

Die Nussschalen werden in dem Wasser eine Stunde lang ausgekocht, anschließend die Wolle eingelegt und eine weitere Stunde leise kochend gefärbt. Auf diese Weise erhält man ein lichtechtes dunkles Braun. Nach dem Färben wird die Wolle gut gespült.
In einem weiteren Farbbad erhält man ein entsprechend helleres Braun.
Probieren Sie auch, mit der Rinde und den Blättern des Walnussbaumes zu färben.

COCHENILLE (Coccus cacti)

In der Einleitung (S. 16) wurden bereits einige geschichtliche Aspekte zum Cochenille erwähnt. Dieser schöne Farbstoff wird aus der Cochenillelaus, einer Schildlaus, gewonnen, und zwar aus der weiblichen Schildlaus. Sie lebt an Kakteen (Opuntien) auf den Kanarischen Inseln, wo sie gezüchtet werden. Man kann dort lange Reihen mit Kakteen sehen, an denen die Schildläuse in weißen Kokons ihren Nachwuchs pflegen. Die Männchen sind schlanker und beweglicher, während die Weibchen den Saft der Kakteen saugen, bis sie von ihnen herunterfallen. Dann sind die Cochenilleläuse «reif». Zum Ernten der Läuse werden große Tücher unter die Kakteen gelegt und mit langen Stöcken dagegengeschlagen. So fallen die vollgesogenen Läuse herab, werden eingesammelt und auf Brettern zum Trocknen ausgelegt. Eine gute Qualität erkennt man an ganz trockenen Cochenilleläusen (weniger getrocknet bringen sie zwar dem Händler mehr Geld, aber uns weniger Farbe!). Es ist ein recht teurer Farbstoff, sodass sich einmal ein Vergleich bei den verschiedenen Anbietern lohnt, aber auch das Ausnutzen der Folgebäder. Manchmal muss man die Mengen verändern; das liegt an der Qualität des Farbstoffes.

Wir haben es bei Cochenille mit einer tierischen Farbe zu tun, die von Kindern immer gerne

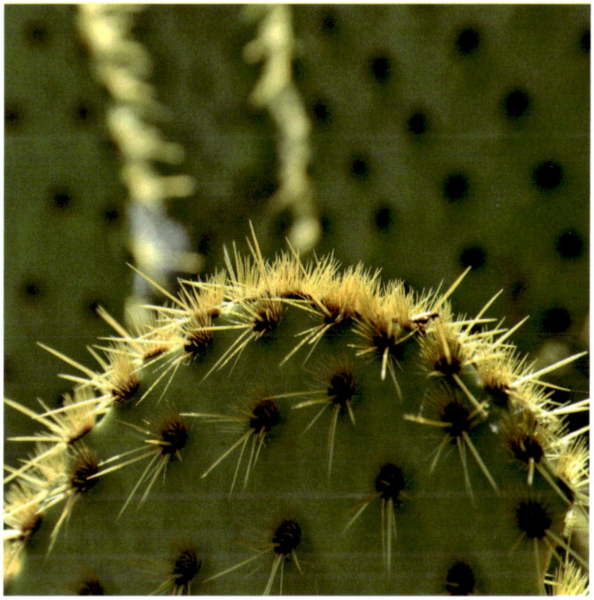

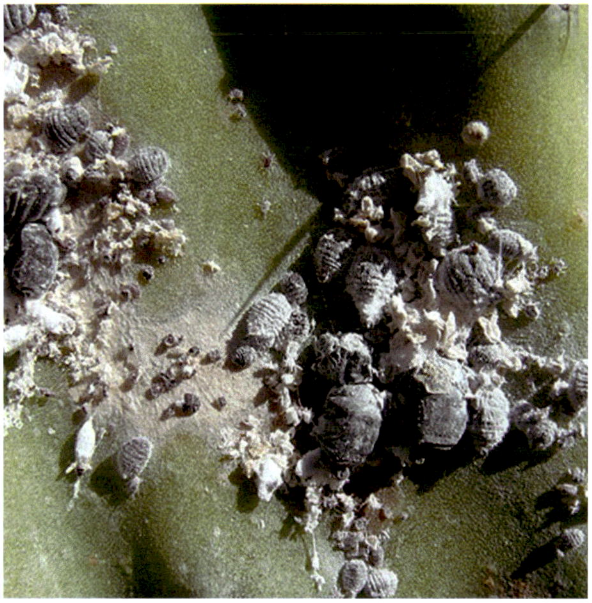

genommen wird. Nicht nur auf Wolle wirkt der Farbstoff wunderschön, sondern auch auf Seide. Hier muss man allerdings sehr sorgfältig arbeiten, damit sie nicht fleckig wird. Eine Überraschung erlebt man, wenn man ein gefärbtes Seidentuch in Essigwasser spült: Es wird violett. Also Vorsicht! Die Wolle wird natürlich mit Essigwasser gespült. Bei der Cochenillefärbung kann man bis zu drei Folgebäder erzielen, wenn man sorgfältig arbeitet. Es entstehen nacheinander die Farben Weinrot, Kirschrot (die Kinder nennen sie manchmal «freches Rosa»), Pink (wird gern als «Schweinchenrosa» bezeichnet) und Zartrosa. Mit Cochenille gelingt die Färbung ganz sicher.

Beize:
10 g Alaun
8 g Weinstein (keine Weinsteinsäure!)
100 g Wolle
1,5 l Wasser
alles eine 3/4 Stunde sanft kochen

Das erste Farbbad (Weinrot):
15 g Cochenille
5 g Weinstein
1,5 l Wasser

Am Vortag wird das Cochenille in einer ausrangierten Kaffeemühle sehr fein gemahlen (Ergebnisse mit gekauftem, bereits gemahlenem Cochenille waren nicht so ergiebig) und zusammen mit dem Weinstein in einem Gefäß mit etwas warmem Wasser angerührt, sodass ein halbflüssiger Brei entsteht, der über Nacht quillt.
Am Färbetag wird in 1/2 l Wasser (wenn Sie größere Mengen färben, entsprechend mehr Wasser) der Cochenillebrei eine viertel Stunde gekocht, dann das restliche Wasser aufgefüllt und die gebeizte Wolle eingelegt. Man sollte darauf achten, dass alle zu färbende Wolle auf einmal in das Färbebad gegeben wird, da die Farbe sehr schnell aufzieht und man sonst unterschiedliche Farbtiefen erhält. Es wird eine 3/4 Stunde sanft gekocht und die Wolle hin und wieder vorsichtig bewegt.

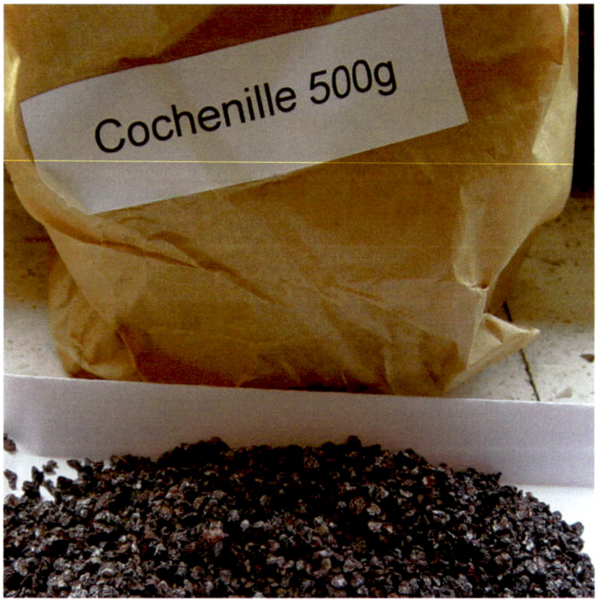

Nach der ersten Färbung nimmt man die Wolle aus dem Farbtopf, schleudert sie gut aus und fängt die Farbbrühe auf. In einer kleineren Wanne mit warmem Wasser wird die Wolle ausgespült und dieses Wasser aufgehoben. Man kann es dann gut dem letzten Farbbad zusetzen, um ein etwas kräftigeres Rosa zu erhalten. Dem ersten Spülbad wird ein Schuss Essigessenz zugefügt; dann muss mit aller Geduld immer wieder gespült werden, bis das Wasser klar ist.

Folgebäder:
Kirschrot: Beize und Färben wie oben

Pink: Beize und Färben wie oben

Zartrosa: Nun füllt man das aufbewahrte Spülwasser des ersten Farbbads mit in den Färbetopf. Beize und Färben wie oben

Mit Cochenillefärbungen erhält man sehr haltbare Farben, die eigentlich immer gelingen.

Tiefviolett / Mittelviolett / Lavendel:
Diese Farben erhalten wir, indem alle Farben erst einmal in allen Rottönen gefärbt werden; aber ganz wichtig ist hierbei, dass die Wolle auf keinen

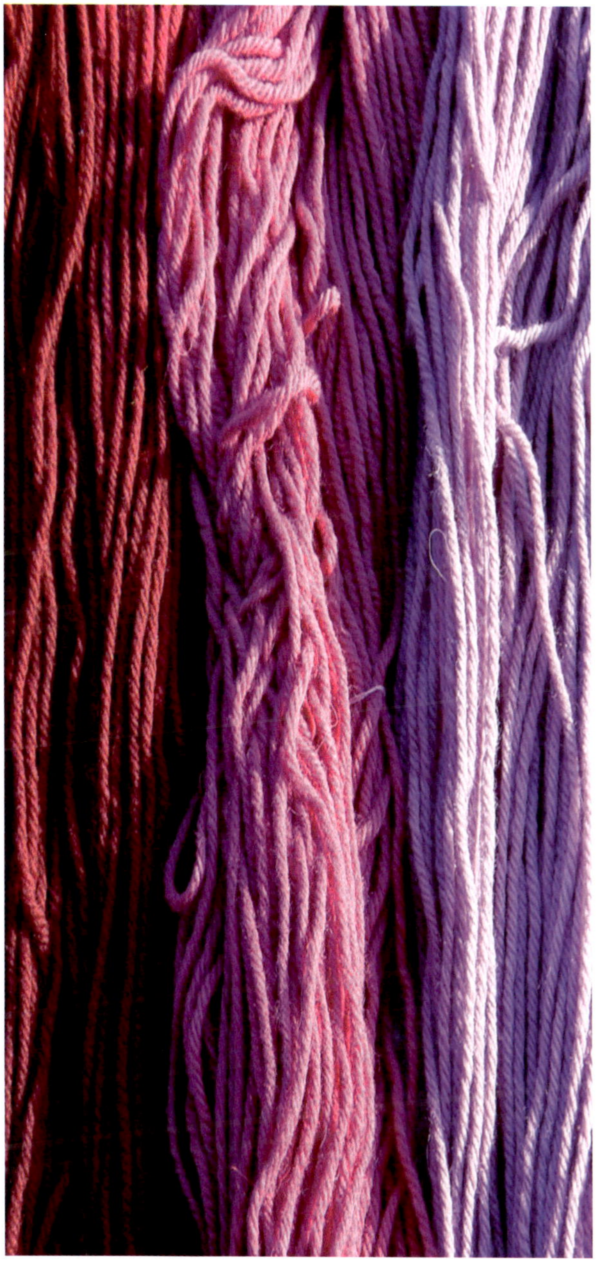

Wolle in verschiedenen Cochenillefärbungen

Fall gespült wird, da wir die kleinen Farbpartikel auf der Wolle brauchen, um die Entwicklung aufziehen zu lassen. Die Wolle des dritten Farbbades darf auch nicht mit Essig gespült werden, da sie später mit Indigo überfärbt werden soll.

Entwicklung:
1/2 TL Eisensulfat
(Bei Färbungen mit mehr Wolle nimmt man die entsprechende Menge).

Für die Entwicklung ist es gut, noch Spülwasser aus dem ersten Farbbad zufügen zu können. In dem Färbebad wird nun, nachdem die Wolle aus dem Topf genommen worden ist, das Eisensulfat aufgelöst und die zu entwickelnde Wolle auf einmal eingelegt. Man sieht unmittelbar die Verdunklung der Wolle und lässt sie so lange in dem Bad, bis der erwünschte Farbton erreicht ist. Entwickeln Sie nacheinander das erste und das zweite Farbbad.
Lavendel erhält man durch Überfärben im vierten Bad, dem Indigobad. Es hat sich gezeigt, dass das Pink aus dem dritten Cochenillebad durch die Entwicklung mit Eisensulfat zu grau wird und recht leblos wirkt.
Es ist nicht nötig, länger als eine viertel Stunde zu entwickeln. Im Anschluss muss die Wolle sehr gut gespült und mit Essig fixiert werden.

Überfärbungen

Lavendel

Das dritte Farbbad vom Cochenille wird gut gespült – ohne Zusatz von Essig – und dann im vierten oder fünften Farbbad vom Indigo überfärbt. Macht man nur eine halbe Indigoküpe, so nimmt man das dritte Farbbad.

Orange

Lange habe ich ausprobiert, ein schönes, klares Orange zufärben. Folgendes Rezept ergibt ein sehr schönes Orange:

15 g Kurkuma
100 g Wolle
17-prozentige Alaunbeize

Die gebeizte Wolle in Stufenfärbung färben.
12 g Krapp in einem kleinen Netz am Vortag eingeweicht.
Nach der letzten Stufenfärbung lässt man die Wolle im Färbetopf und hängt das Netz mit dem Krapp mit in den Topf und heizt auf 85° C hoch. Das Netz wird gut bewegt, und immer wieder schaut man, ob der richtige Orangeton erreicht ist. Dazu muss man etwas Wolle gut ausdrücken, um den Farbton wirklich zu erkennen.

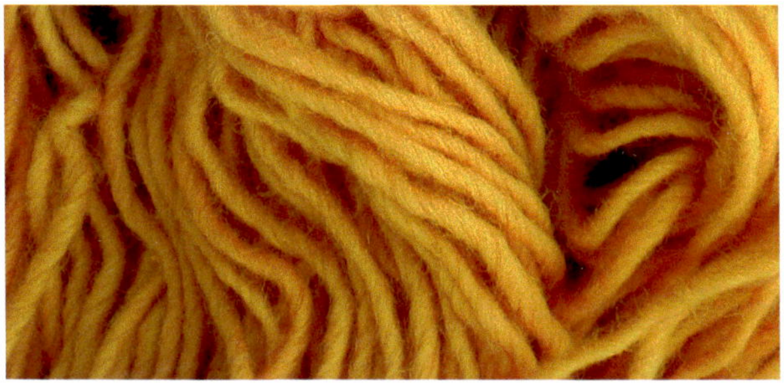

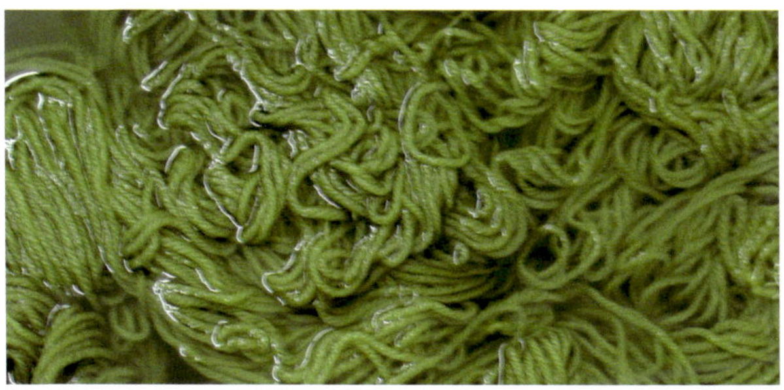

Oben: Wolle gefärbt mit Kurkuma und Krapp
Unten: Wolle gefärbt mit dem ersten Birkenblätterbad und dem dritten Indigobad

Falls Sie größere Mengen färben wollen, sollten es nie mehr als 500 g sein, da sonst die Wolle zu eng aneinanderliegt und die rote Farbe nicht an alle Fasern gelangt.

WALDBODENGRÜN

Das mit Eisensulfat entwickelte erste Birkenblätter- oder Tagetesbad wird mit dem zweiten Indigobad überfärbt. Man macht also drei Färbeschritte.

WALDGRÜN

Das erste Farbbad vom Pferdeampfer oder von den Birkenblättern wird gut gespült – ohne Zugabe von Essig – und mit dem zweiten Indigobad überfärbt. Wenn das Indigo keine so gute Qualität hat und das erste Farbbad nicht so dunkel ist, kann man es auch schon im ersten Farbbad überfärben.

GRASGRÜN

Das erste Birkenblätterbad wird gut ohne Essig gespült und mit dem dritten Indigobad überfärbt (siehe Foto).

LINDGRÜN

Das zweite Birkenblätterbad wird mit dem vierten Indigobad überfärbt.

Türkis

Das zweite Birkenblätterbad wird mit dem dritten Indigobad überfärbt.

Bei all den Überfärbungen zu Grüntönen ist es wichtig, ein Gespür dafür zu bekommen, wie stark die Grundfarbe und die Überfärbung sein muss, da die Qualitäten vom Indigo sehr unterschiedlich sein können!

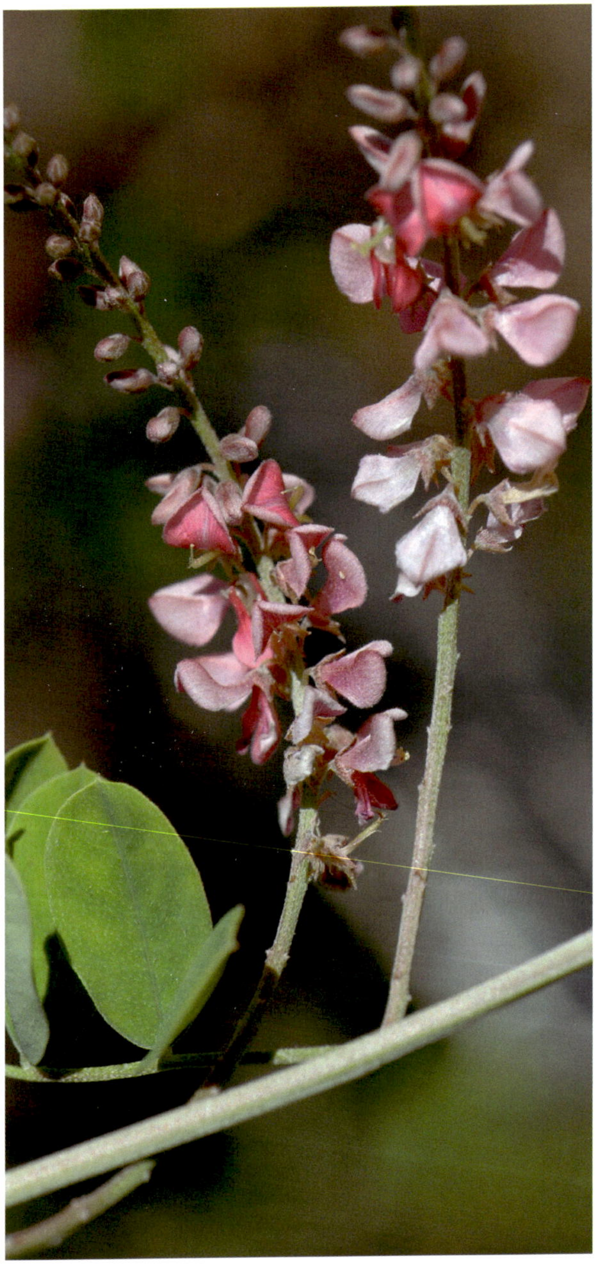

Färben mit Indigo

VORBEMERKUNGEN

Die Indigofärberei ist von mir ganz bewusst an den Schluss der Färberezepte gesetzt worden, weil ich ausdrücklich darauf hinweisen möchte, dass hier mit giftigen Substanzen gearbeitet wird; dabei dürfen die Kinder höchstens als Zuschauer den spannenden Prozess des «Verblauens» an der Luft erleben. Man kann kein Blau ohne Gift färben. Es gibt zwar die Möglichkeit, Indigo mit Urin zu verküpen (umzuwandeln), aber dazu gehören sehr verständnisvolle Mitmenschen und die eigene Überwindung. Ganz abgesehen davon wird bei der Urinküpe 300 g Salz in das Abwasser gegossen; sie ist somit auch nicht ganz umweltfreundlich. Gehen Sie bitte sehr sorgfältig mit den Chemikalien um und entscheiden Sie für sich selbst, ob Sie das herrliche Blau mit der Natriumdithionitküpe (Hydrosulfit), die die vielen Farbabstufungen und Überfärbungen ermöglicht, färben wollen. In Ihrer Farbpalette würde ohne das Blau eine gewaltige Lücke entstehen.

Bei dieser Färbung sind unbedingt Gummihandschuhe empfohlen. Nach der Färbung muss die Wolle gut eine viertel Stunde an der Luft liegen, um zu «verblauen» (bis es keine Farbveränderung mehr gibt). Sie sollte unbedingt im ersten Spülbad

mit einem Schuss Essigessenz zum Spülwasser gespült werden. Aufgepasst: nie mit den Gummihandschuhen aus dem sauren Essigspülwasser in die Küpe gehen, sie würde unweigerlich zerstört werden und es wäre Schluss mit dieser Färbung! Um eine gewisse Reibfestigkeit auf der Wolle zu erreichen, setzt man der Indigoküpe Leim zu.
Trotz aller Mühen und vieler Gebote zur Vorsicht: Die Indigofärberei grenzt an Zauberei!
Um mit dem Indigo, das man als gemahlenes Pulver im Fachhandel erhält, färben zu können, muss man einen Umwandlungsprozess in Gang bringen, den wir Verküpen nennen. Früher dauerte bei den Blaufärbern dieser Prozess drei Tage: Das Herstellen der Küpe, die ruhen musste, wurde am Samstag gemacht, die Wolle oder die Stoffe wurden am Sonntag ins Färbebad gegeben, und am Montag wurde alles herausgeholt und an der Luft dem Oxidationsprozess mit Sauerstoff ausgesetzt. Die Färber hatten frei und «machten blau« am «blauen Montag» und erlebten ihr «blaues Wunder».
Während der Herstellung der Indigoküpe entziehen die chemischen Hilfsmittel der Küpe den Sauerstoff, damit die Farbe überhaupt auf die Faser ziehen kann; durch kräftiges Lüften (früher hat man diesen Prozess durch Schlagen der Wolle beschleunigt, man hat sie grün und blau geschlagen) wird der Sauerstoff wieder zugeführt, und die Farbe kann sich in das Indigoblau umwandeln.

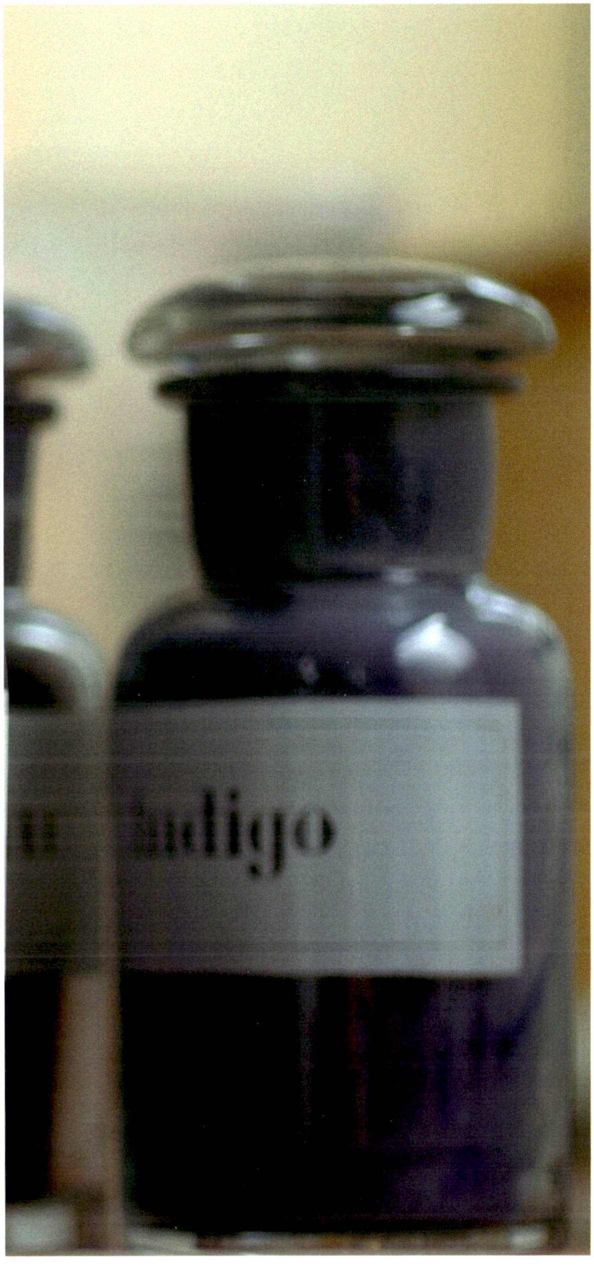

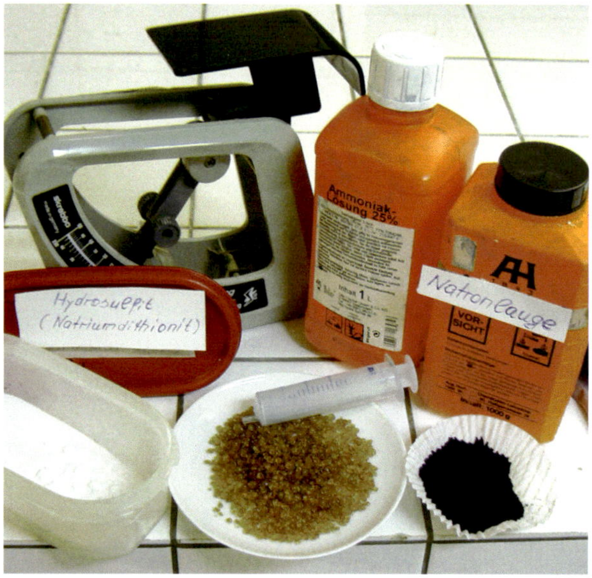

Chemikalien für die Indigofärberei

Eine 3. Klasse, die während ihrer Handwerkerepoche beim Färben zugeschaut hatte, machte anschließend folgendes Rätsel:

> Erst ist es weiß,
> dann gelb – grün – blau,
> das macht die beste Zauberfrau!

Die Auflösung des Rätsels erschließt sich einem nach der ersten Blaufärberei!

DIE INDIGOKÜPE

Am Tag vor dem Färben bereitet man die sogenannte Stammküpe vor. Sie ist für 500 g Wolle in einem Farbbad berechnet und entstammt einem alten Rezept von Kurt Hentschel. Während meiner jahrelangen Färberei hat sich dieses Rezept als sehr zuverlässig erwiesen.

Die Stammküpe:
20 g Indigopulver
Weckglas mit 600 ml warmem Wasser
26 ml Natronlauge
30 g Natriumdithionit ($Na_2S_2O_4$) / Hydrosulfit
1 TL Brennspiritus

Das Indigopulver wird in einer alten Tasse mit dem Brennspiritus und etwas Wasser verrührt und anschließend in das Weckglas gegeben. Mit einer 20 ml- Einmalspritze, die in jeder Apotheke erhältlich ist und ein genaues Abmessen ermöglicht, zieht man die Natronlauge auf und gibt sie mit in das Glas. Natronlauge erhält man, indem man eine gesättigte Lösung aus Ätznatron herstellt. Man füllt sie in einen festen laugen- und säurebeständigen Behälter mit Schraubverschluss aus der Apotheke und lagert sie gut beschriftet und für Kinder unzugänglich. Ich habe mir ein

Körbchen mit all den Chemikalien für die Indigoküpe besorgt, das im obersten Fach unseres Färbeschrankes steht.
Zum Schluss wiegt man mit einer Briefwaage das Hydrosulfit ab und streut es in das Glas mit der Stammküpe. Ganz vorsichtig rührt man nun mit einem Stab auf dem Grund des Glases die Küpe langsam durch, es darf auf keinen Fall Sauerstoff hineinkommen. Man kann recht schnell eine Veränderung feststellen: Die Stammküpe nimmt eine grünliche Farbe an!
Wenn man nun das Glas mit der Stammküpe in ein Wasserbad mit 50° C stellt, wird sie gelblich, und außerdem entsteht an der Oberfläche die metallisch schimmernde «Blume», die jedes Färberherz erfreut.

DAS INDIGOFÄRBEN

Es empfiehlt sich ein elektrischer Einkochtof mit Thermostat. Bei der Indigofärberei wird mit einer Temperatur von 55° C gearbeitet; das ist die Temperatur zum Gären und zur Käseherstellung. Mit einem Thermostat kann man natürlich wunderbar die benötigte Temperatur halten.

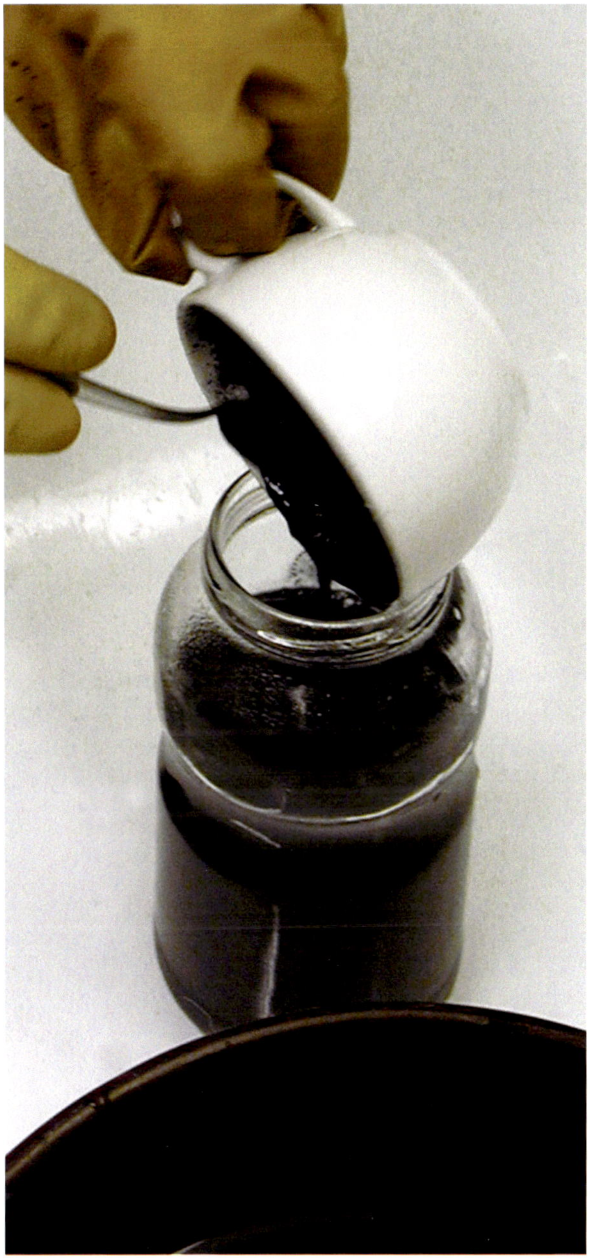

Verrührte Zutaten werden in ein Weckglas geschüttet.

Wir benötigen:

15 ml Ammoniak
10 g Natriumdithionit (Hydrosulfit)
die Stammküpe
15 l warmes Wasser
500 g Wolle (nie mehr als diese Menge auf einmal färben!)
15 g am Vortag eingeweichter Perlleim (für eine bessere Reibfestigkeit)

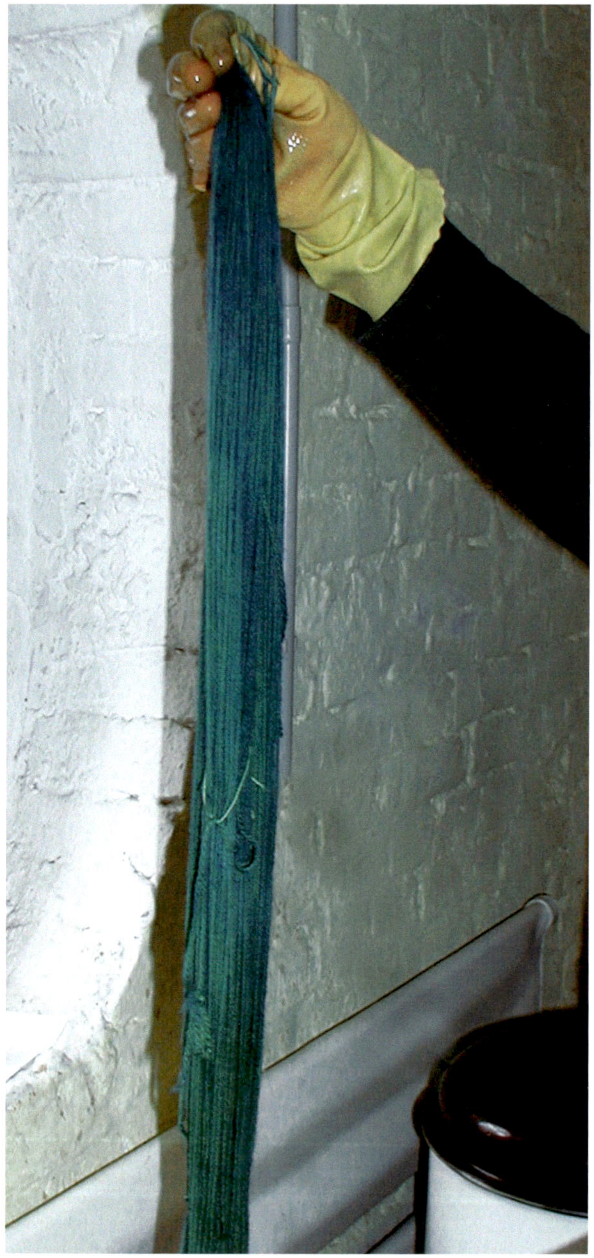

An der Luft beginnt sich die Wolle sofort zu verfärben.

In den Wärmetopf werden 15 l warmes Wasser gefüllt und auf 55° C hochgeheizt. Der eingeweichte Perlleim wird dazugegeben und das zu dem Wärmetopf dazugehörige Sieb auf den Topfboden gelegt. Nun zieht man in der Einmalspritze 15 ml Ammoniak auf und drückt es in den Topf, ebenso wird das abgewogene Hydrosulfit eingestreut. Mit Gummihandschuhen lässt man nun ganz vorsichtig die Stammküpe fast unter dem Küpenwasser einlaufen und sorgt auch dafür, dass der Satz, der sich am Glasboden gebildet hat, vollständig durch Spülen mit in die Küpe kommt. Alles muss nun eine viertel Stunde ruhen. Hier hat sich ein Kurzzeitwecker bewährt.

Wenn wir nun den Deckel des Färbetopfes öffnen, wird uns die metallene «Blume» anlachen, und wir können endlich färben! 500 g Wolle werden gut angefeuchtet (die trockenen Stellen in der Wolle nehmen weniger von der Farbe an) und sanft in die Küpe eingelegt. Man lässt die Garnstränge hineingleiten. Nach einer viertel Stunde ist es soweit. Aus der klaren, gelben Küpe ziehen wir die Wolle vorsichtig nacheinander heraus, indem wir sie leicht ausdrücken; sie verfärbt sich sofort durch die Berührung mit der Luft von Gelb über Grün zu Blau. An der Luft, am besten auf einem Wäscheständer, lässt man nun die Wolle fünfzehn Minuten aufgelockert liegen und verblauen. Das restliche Färbewasser wird auf keinen Fall in die Küpe zurückgeschüttet, wie bei allen anderen Färbungen! Anschließend kann man die nächsten angefeuchteten 500 g Wolle in die Küpe einlegen. So erhält man mindestens vier immer heller werdende Farbabstufungen.

Natürlich ist nach der Indigofärbung ein gewissenhaftes Ausspülen der Wolle nötig. Auch hier wird dem ersten Spülbad 1 EL Essigessenz zugefügt, aber mit anderen Gummihandschuhen gespült. Noch mehr Nuancierungen erhält man, wenn man die Indigoküpe mit dem halben Rezept ansetzt. Ich mache sogar nur Viertelrezepte für Überfärbungen zu Türkis. In dem Kapitel «Überfärbungen» findet man genauere Hinweise.

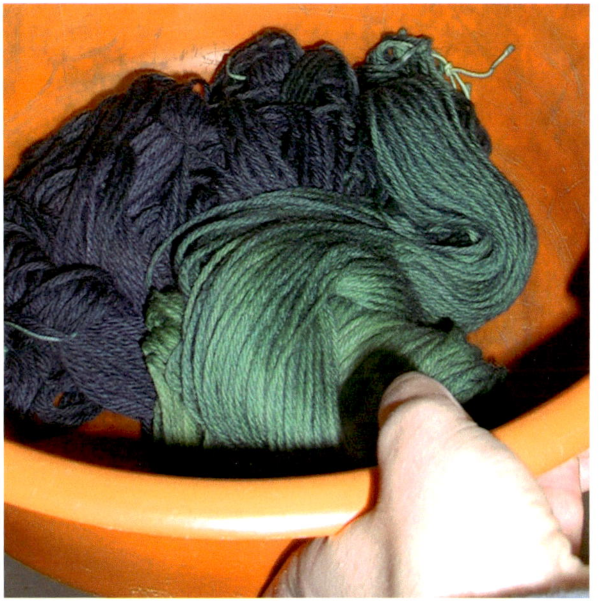

Die Umfärbung ist genau zu verfolgen.

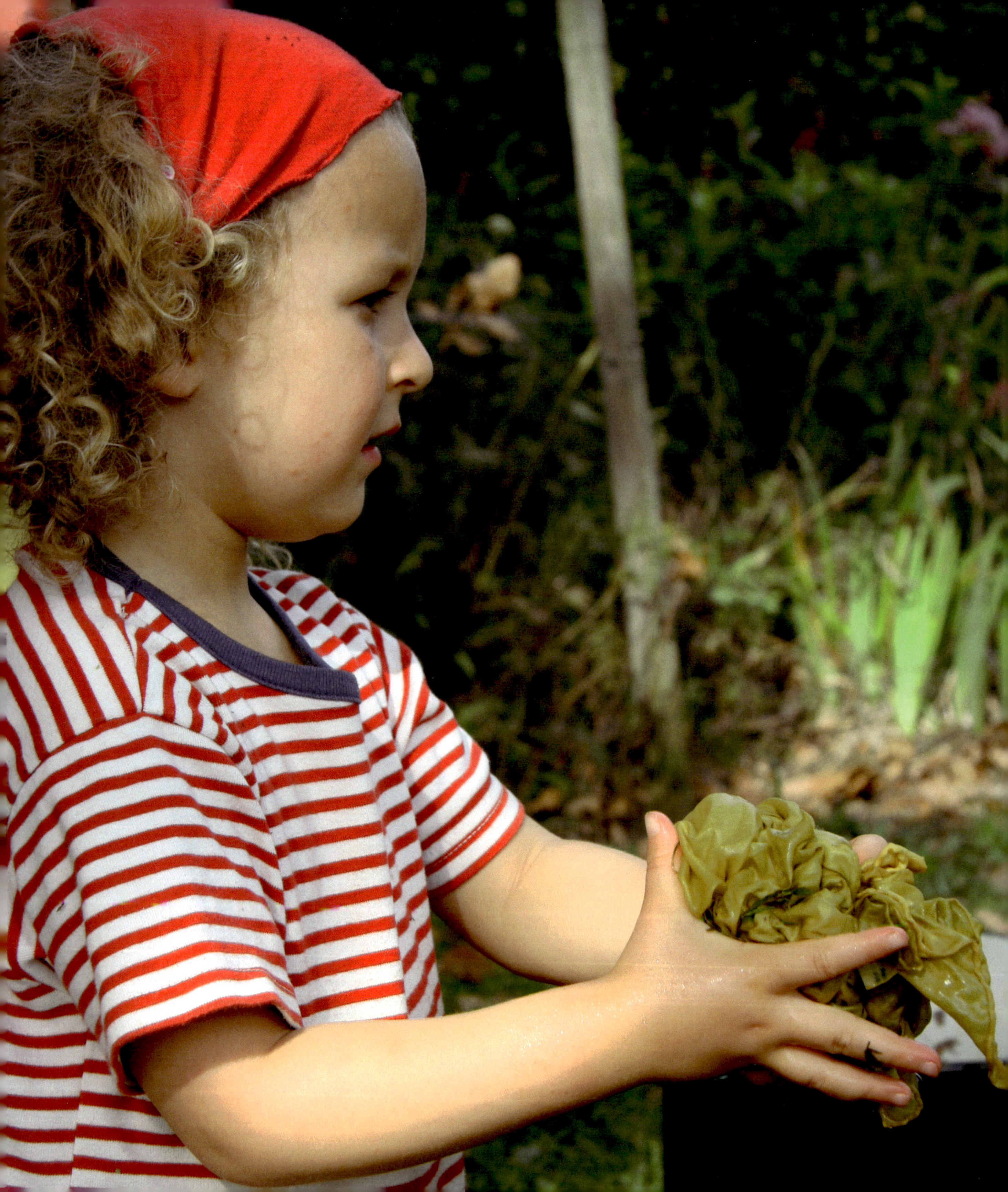

6 FÄRBEN MIT KINDERN

Wenn man Kindern das alte Färbehandwerk nahebringen möchte, erfordert dies gar keinen großen Aufwand. Man braucht nur eine einfache elektrische Heizplatte und einen größeren Stahltopf. Für den Anfang kann man erst einmal das Färben ohne Beize zeigen – entweder mit Flechten oder mit Walnussschalen. Die Färberei sollte für die Kinder zunächst in eine Geschichte verpackt werden. Dafür eignet sich z.B. die folgende Geschichte.

Wie kamen die Menschen wohl zum Färben?

Vor vielen tausend Jahren, als die Wälder noch riesengroß und die Menschensiedlungen ganz weit auseinanderlagen, gab es eine Frau, die mit ihrem Mann, wie die anderen Menschen auch, in einer kleinen Hütte wohnte. Von den Schafen nahm sie die schönste Wolle und spann sie mit ihrer selbst gemachten Spindel. Sie hatte weiße, braune, graue und schwarze Wolle. So strickte sie für sich und ihren Mann daraus ihre Pullover. Das wurde ihr eines Tages langweilig, und sie erfand die schönsten Muster. Hiermit strickte sie ihrem Mann einen Pullover und schenkte ihn ihm zu seinem Geburtstag. Sie war sehr stolz auf diesen Pullover, denn die anderen Frauen konnten nicht so schöne Pullover stricken.
Die Männer gingen morgens mit ihren Äxten in die riesigen Wälder, um Bäume zu fällen und wieder ein Stück Ackerland zu gewinnen. Unser Mann hatte seinen schönen Pullover an, weil er so gut wärmte. Um die Mittagszeit kam die Sonne heraus, und von der schweren Arbeit wurde ihm immer wärmer. So zog er den Pullover aus und legte ihn unter einen Baum. Nach einigen Stunden riefen die anderen, es

sei Zeit, den langen Heimweg anzutreten, damit sie vor der Dunkelheit zu Hause wären. So wanderten sie eine gute Stunde in ihre Siedlung. Zu Hause schaute die Frau ihren Mann mit großen Augen an und fragte: «Und wo ist dein Pullover?» – «Ach du Schreck, den hab ich ausgezogen und unter einem Baum liegen lassen!»

Darüber war die Frau sehr ärgerlich. Sie war so ärgerlich, dass sie ihrem Mann kein Essen kochte, und am nächsten Morgen schaute sie ihn überhaupt nicht an. Der Mann ging wieder mit den anderen in den Wald und suchte seinen Pullover, aber er fand ihn nicht. Es war eine schreckliche Woche, denn die Frau redete kein Wort mit ihrem Mann, und zu essen gab es auch nichts Vernünftiges.

Als der Mann wieder einmal beim Holzfällen war, machte er eine kleine Pause und setzte sich auf einen gefällten Baum. Da sah er so einen weißen Haufen neben einem Baum liegen. Er ging hin und – oh Freude, es war sein schöner Pullover! Der fühlte sich zwar ein wenig feucht an, aber er würde schnell in der Sonne trocknen. Am Ärmel, dort wo er auf dem Moos gelegen hatte, war er braun, aber das würde er im Bach schnell auswaschen. Nun würde alles wieder gut! Aber sosehr er sich auch bemühte, dieser dumme Fleck ging nicht weg. Kurz bevor sie am Abend zu Hause ankamen, drehte er den Pulloverärmel so, dass man den Fleck nicht sah. Seine Frau freute sich so sehr, als sie den Pullover sah, dass sie ihn sogar küsste! Ganz kleinlaut sagte er aber dann: «Da ist aber ein Fleck auf dem Ärmel, ich hab schon versucht, ihn auszuwaschen, aber der Fleck geht nicht weg!»

«Zeig mal her!» Anstatt zu schimpfen, freute sich die Frau. Da sollte einer schlau draus werden! «Ist das eine schöne Farbe! Wo hat der Pullover gelegen?»

Diesmal hatte sich der Mann die Stelle gemerkt, und am nächsten Tag führte er seine Frau dort hin. Es waren nicht das Moos und die Erde, nein, es waren die Flechten, die dort auf einem Stein wuchsen, die den Fleck gemacht hatten. Vorsichtig hob die Frau die Flechten ab und sammelte sie in ihrem mitgenommenen Körbchen. Sie suchte und fand noch mehr, und zu Hause färbte sie den ganzen Pullover damit. Und zu essen bekam unser Mann auch wieder!

Nun kann man den Kindern die Flechten zeigen, und zwei Kinder dürfen die Wolle anfeuchten, die Flechten darauf legen und mit etwas Wasser auffüllen. Nach ein paar Tagen, wenn die Wolle nicht bewegt wurde, ist unsere Geschichte für die Kinder nachvollziehbar.

Als Nächstes kann man das Beizen zeigen, indem man auf ein Tellerchen etwas Alaun herumgibt und vom «Aufschließen» der Wolle erzählt. Die Wirkung von Alaun kann man sehr schön demonstrieren, wenn man die Wolle ohne Beize z.B. mit Rainfarn färbt, ganz enttäuscht in den Topf schaut und dann den Alaun darüberstreut und ihn in der Färbebrühe auflöst. Die Kinder lernen wieder das Staunen!

So kann man über einen längeren Zeitraum immer zwei Kinder färben lassen. Natürlich sollten sie die Pflanzen selber sammeln. So kann man z. B. mit Zwiebelschalen Gold färben! Bei der Indigofärberei sollten die Kinder nur zuschauen, da hier mit giftigen Substanzen gearbeitet wird.

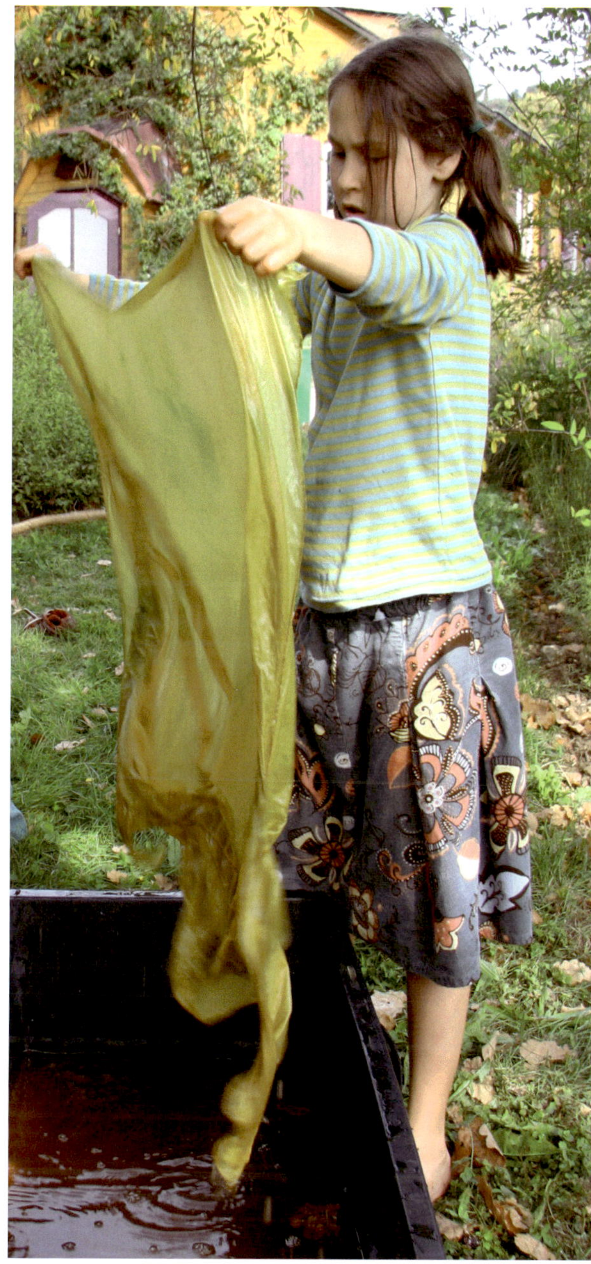

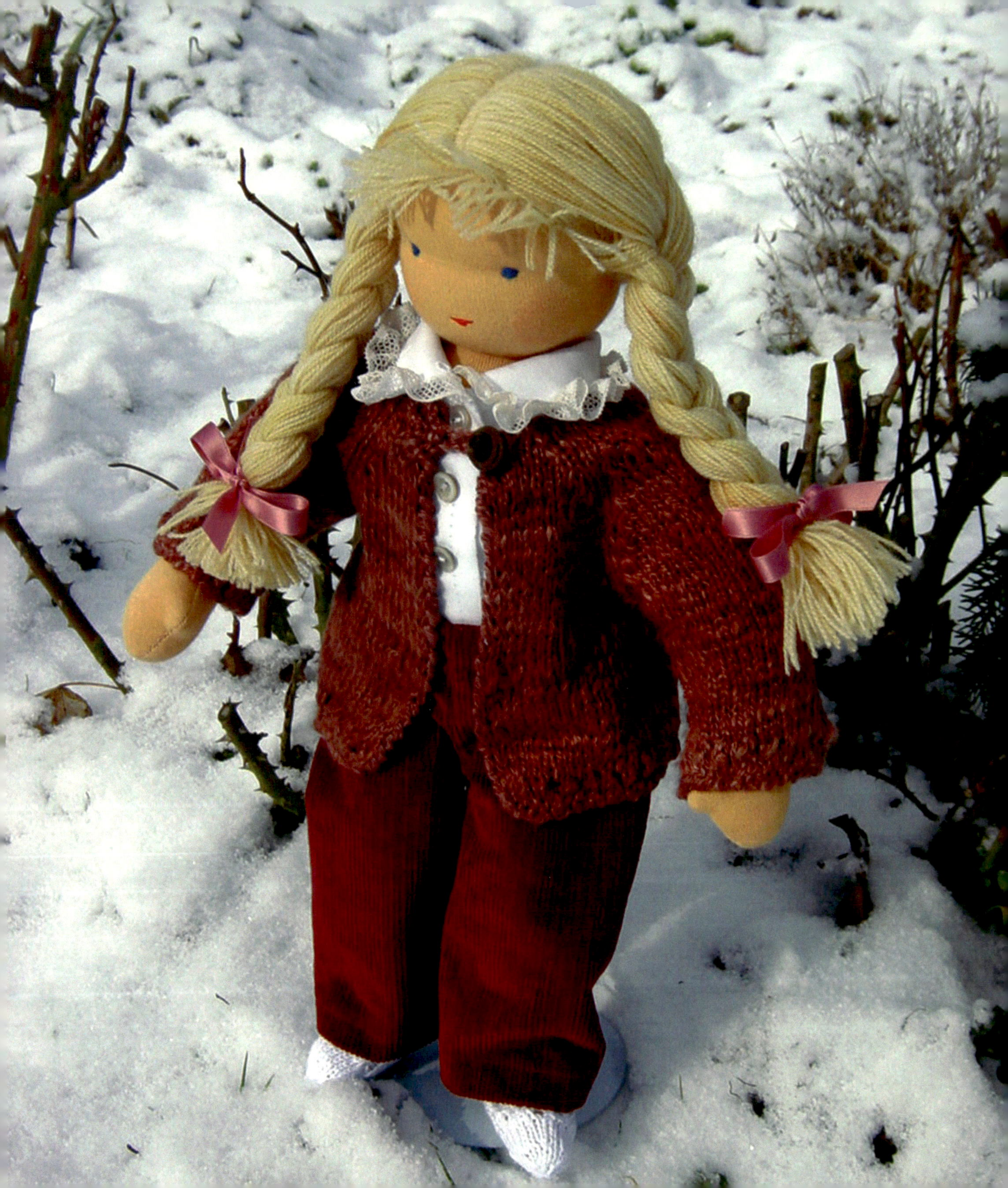

7 PUPPENHAARE FÄRBEN

PUPPENHAARE FÄRBEN

Wenn Sie selber Waldorfpuppen herstellen, ist es besonders reizvoll, wenn ihre Puppenkinder pflanzengefärbte Wollhaare erhalten. Erst so bekommen sie ihre Einmaligkeit und sind unverwechselbar. Es eignet sich sehr gut die feinste, aber auch die mittlere Garnstärke. Mit einfachem, glattem Garn kann man niedliche Zopffrisuren oder auch die wuscheligen Jungenfrisuren, die mit einem Knüpfstich hergestellt werden, aufsticken. Schneiden Sie einfach den gefärbten Garnstrang an beiden Seiten auf, so hat man gleich die richtige Zopflänge und spart sich das lange Aufwickeln zum Garnknäuel. Mit Mohairgarn kann man ebenso wunderschöne, ganz echt wirkende Haare erhalten, indem man eine Perücke häkelt, diese auf den Puppenkopf aufnäht und dann die Haare für eine Zopffrisur einzieht. Mit Bouclewolle erhält man niedliche Lockenköpfchen.

Außerdem kann man ganz einfach Wolle für Puppenhaare mit schwarzem Tee färben. Je nach Stärke des Tees wird die Wolle hellblond bis rötlichbraun. Ebenso kann man einen bereits gefärbten Garnstrang, wie z. B. Krapprot mit Braun überfärben, das kann sehr natürlich aussehen.

Man färbt, wie in den Rezepten angegeben worden ist.

Puppenhaare mit Steinschüsselflechten gefärbt

Für blonde Haare eignet sich sehr schön ein schwächeres Bad aus:

- Flechten
- dem zweiten Birkenblätterbad
- Königsfarn
- Kastanienblättern
- oder Irisblättern.

Für braune Haare eignet sich gut eine kräftige Färbung mit:

- Flechten
- Walnussschalen
- Katechu
- Faulbaumrinde
- oder ein kräftiges Bad mit Johanniskraut.

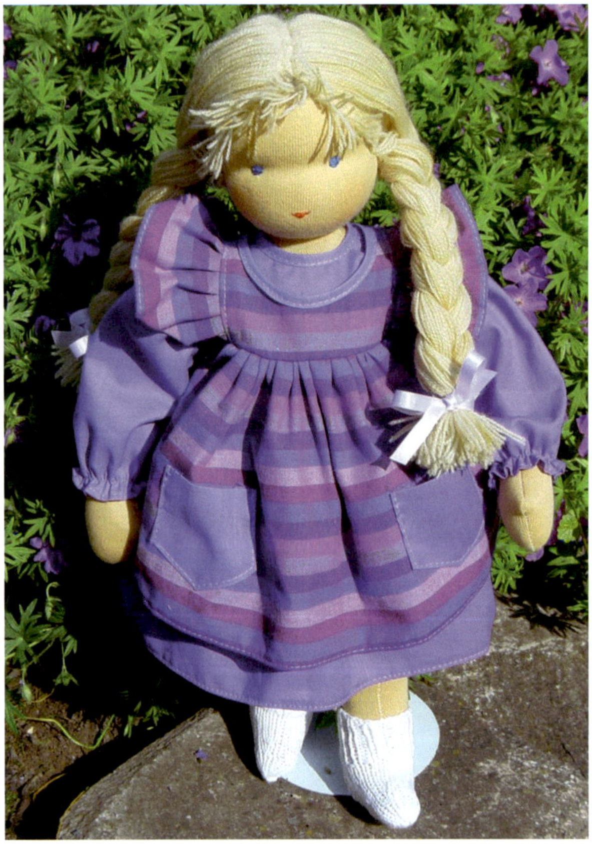

Puppenhaare mit Steinschüsselflechten gefärbt

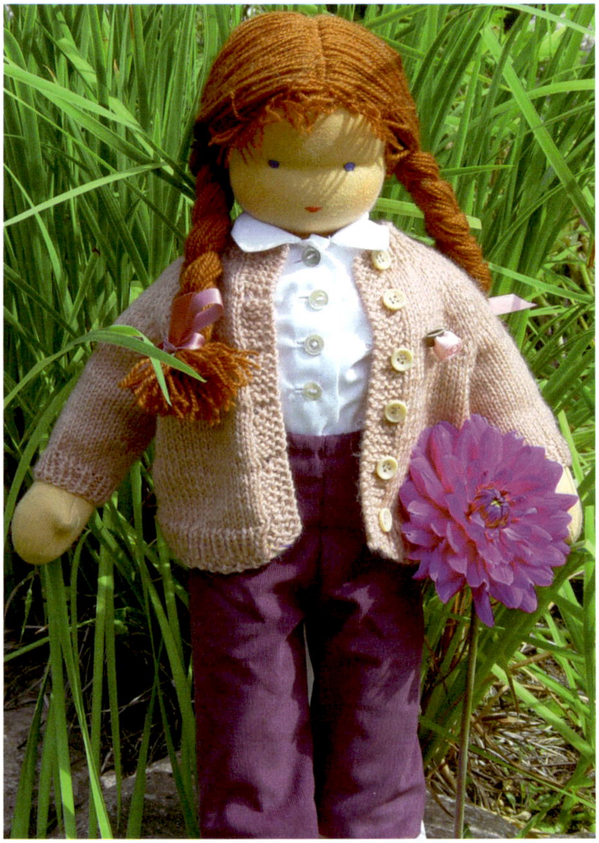

Puppenhaare mit Katechu gefärbt

Rote Haare erhält man durch Färbung mit
– Krapp.

Rötlichbraune Haare färbt man mit:
– Pflaumenbaumrinde
– oder Birkenrinde.

Mit so gefärbter Haarwolle erhalten ihre Puppen eine ganz besondere Ausstrahlung und Qualität.

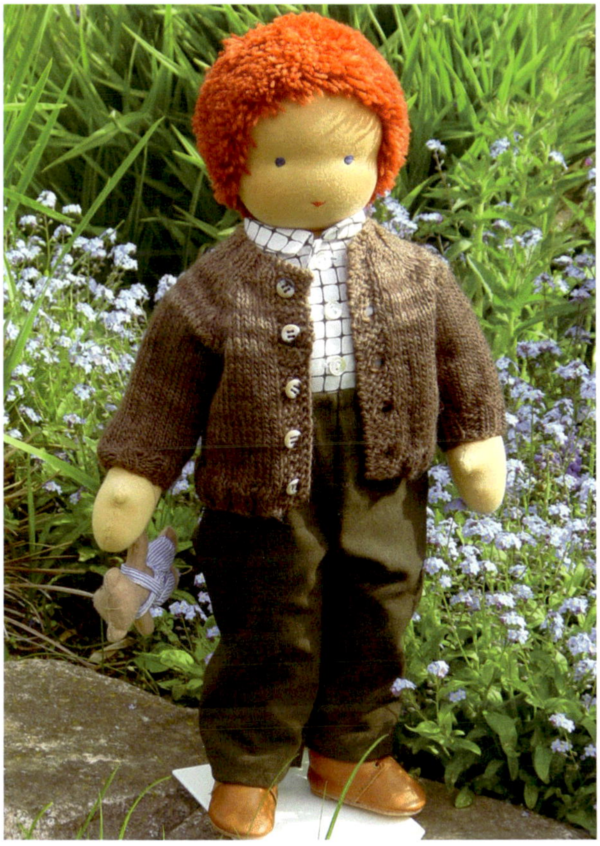

Puppenhaare mit Krapp gefärbt

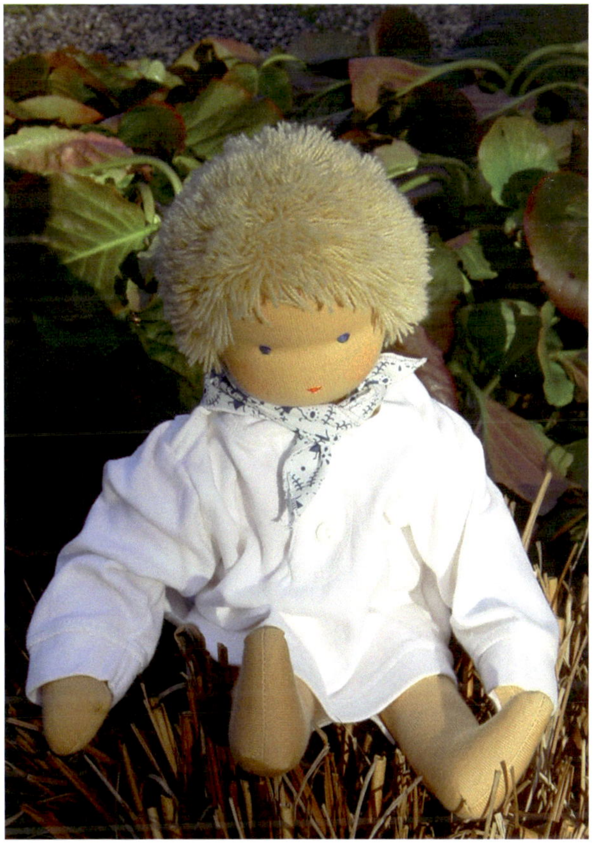

Puppenhaare mit Birkenrinde gefärbt

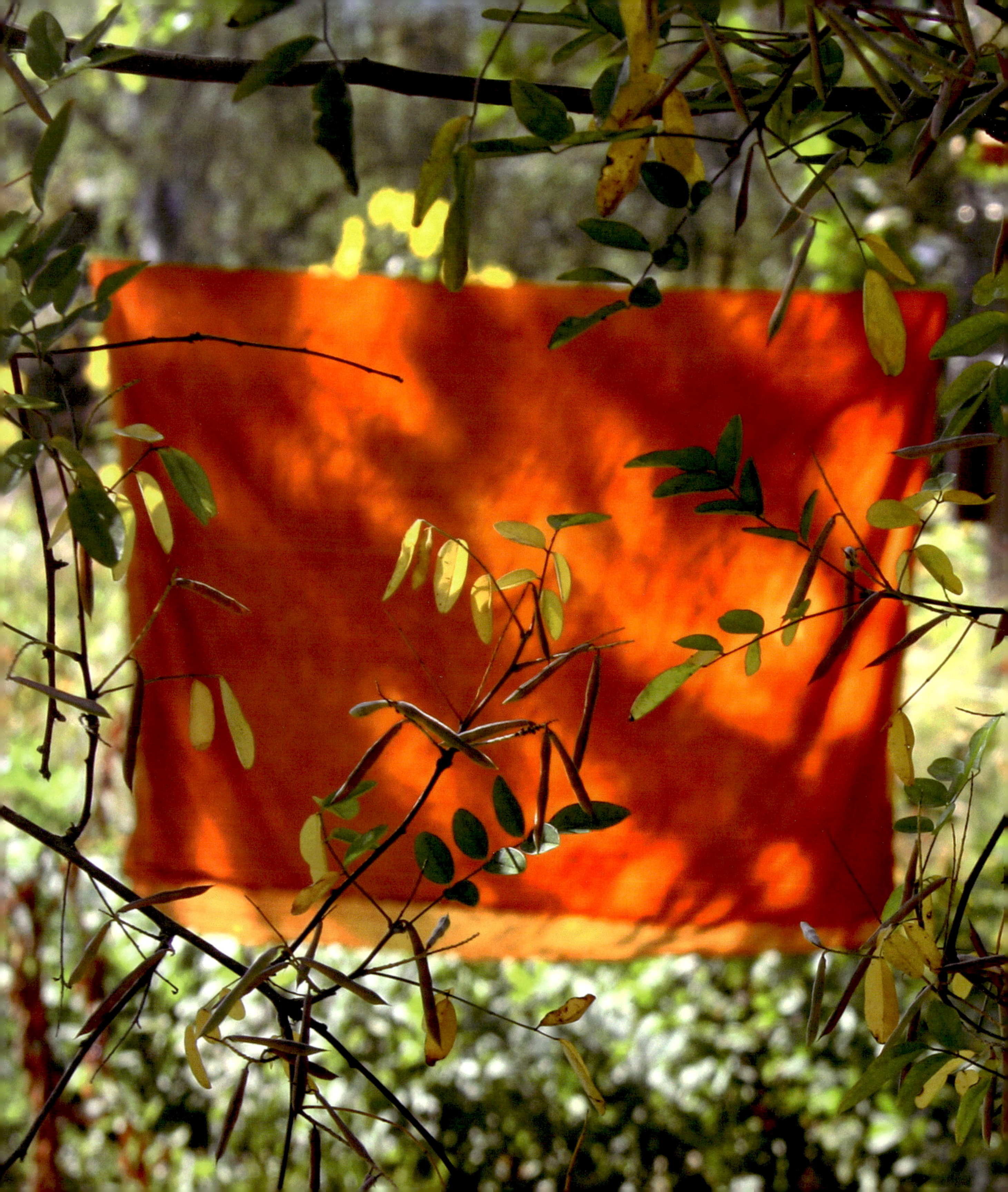

8 Das Färben von Seide

DAS FÄRBEN VON SEIDE

Haben Sie keine Angst vor dem Färben von Seide. Die Pflanzenfarben wirken ganz besonders edel auf diesem kostbaren Material. Als Faustregel gilt: Nie heißer als 70° C färben, dann behält die Seide ihren strahlenden Glanz. Probieren Sie auch die unterschiedlichen Seidenqualitäten wie Crêpe de Chine, Pongé, Satin und Twill zu färben. Die Pflanzenfarben wirken auf jeder Qualität anders.

Beim Färben von Seide verwendet man die genannten Rezepte. Auch beim Beizen und Entwickeln halten Sie bitte gut die Temperatur ein. Es empfiehlt sich, die Färbepflanzen gründlich auszukochen und dann abkühlen zu lassen, bevor man die Seide einlegt. Sie sollte gut bewegt werden. Da sie so leicht ist, schwebt sie immer gern aus dem Färbesud an die Oberfläche, und die Seide wird fleckig.

Sehr schöne Ergebnisse kann man bei Seidentüchern durch Abbinden mit Baumwollfäden erzielen; so erhält man Batikmuster. Sie können auch die Färbepflanzen im Farbbad lassen und auf diese Weise absichtliche Flecken erhalten. Das sieht bei der Flechten- und Krappfärbung sehr reizvoll aus. Besonders schöne Farben erzielt man mit Färbehölzern wie Blau- und Rotholz.

Beim Färben mit Indigo sollten die Seidentücher gegen alle Regeln trotzdem bewegt werden, sonst werden sie sehr fleckig. Hier muss man in Kauf nehmen, dass die Küpe eventuell kaputt geht.

Seide wird nicht länger als zwanzig bis dreißig Minuten gefärbt; anschließend wird sie gründlich gespült und gleich durch heißes Bügeln fixiert. Mit Essig wird in der Seidenfärberei nicht gearbeitet, da es oft zu Farbveränderungen kommen kann.

Seidentücher für den Jahreszeitentisch

Beim Färben der Seidentücher für den Jahreszeitentisch möchte man eine Vielfalt von Farben haben. Hier kann man bei Überfärbungen erst einmal das Tuch z.B. gelb färben und dann teelöffelweise das Indigo hinzufügen, bis man den gewünschten Farbton erreicht hat. Dies macht man alles in einem kleineren Topf auf der Herdplatte. Ebenso verfährt man bei den anderen Färbungen. Im Anschluss folgen Vorschläge für die verschiedenen Seidentücher Ihres Jahreszeitentisches.

Man kann den Jahreszeitentisch sehr unterschiedlich durch Farben gestalten. Ganz «minimalistisch» kann man als Unterlage ein größeres braunes Tuch legen und nur ein Seidentuch der Jahreszeit entsprechend darüber drapieren. Manchen gefällt es vielleicht besser mit zwei farblich passenden Seidentüchern, und wer die Fülle der Farben liebt – so wie ich –, erhält hier Vorschläge für drei Tücher.

Advent
Dunkelblau: erstes Indigobad
Waldgrün: Ampfer + erstes Indigobad
(ohne Abbildung)

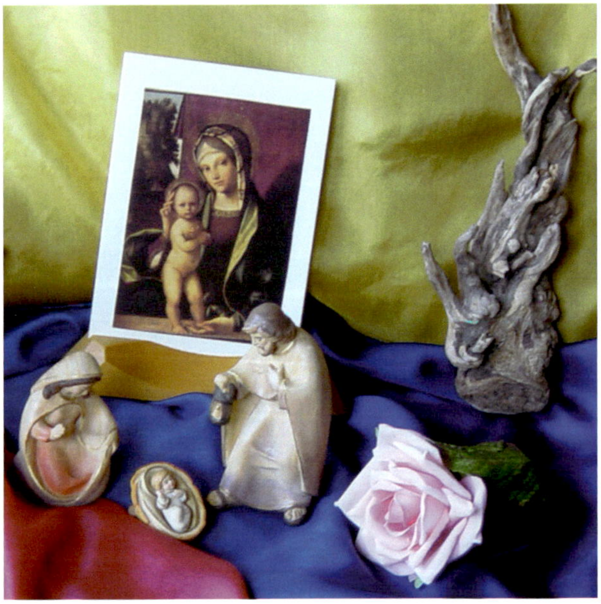

Weihnachten
Dunkelblau: erstes Indigobad
Rot: erstes Cochenillebad + Rotholz
Olivgold: Zwiebelschalen + ganz wenig Eisensulfat

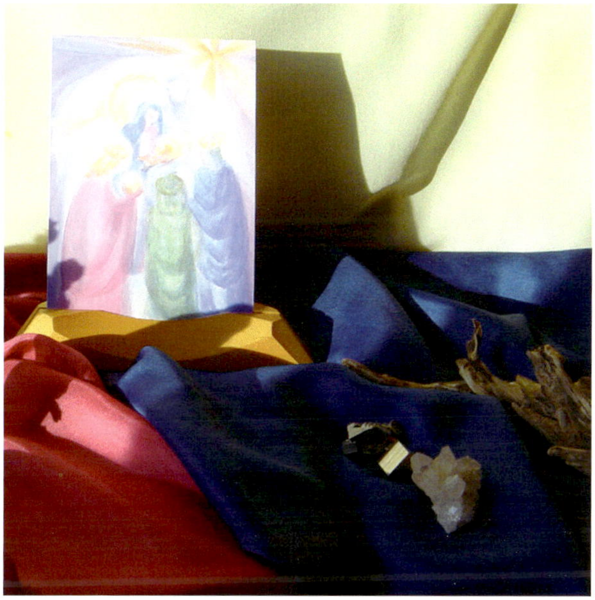

Epiphanias
Dunkelblau: erstes Indigobad
Rotviolett: zweites Cochenillebad + Eisensulfat
Sand: zweites Walnussbad

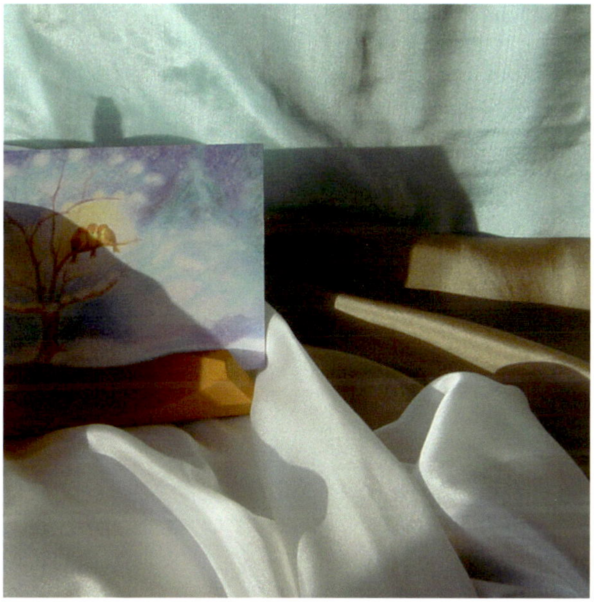

Januar
Fahlbraun: erstes Walnussbad
Weiß: –
Eisblau: fünftes Indigobad

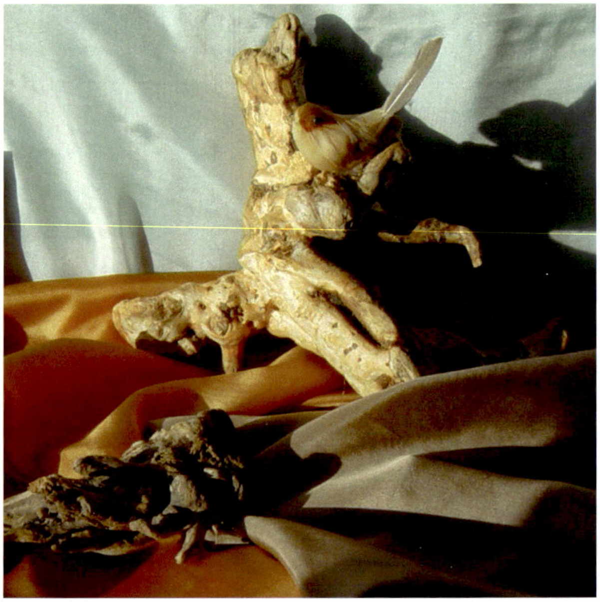

Februar
Fahlbraun: erstes Walnussbad
Eisblau: fünftes Indigobad
Erdbraun: erstes Katechubad

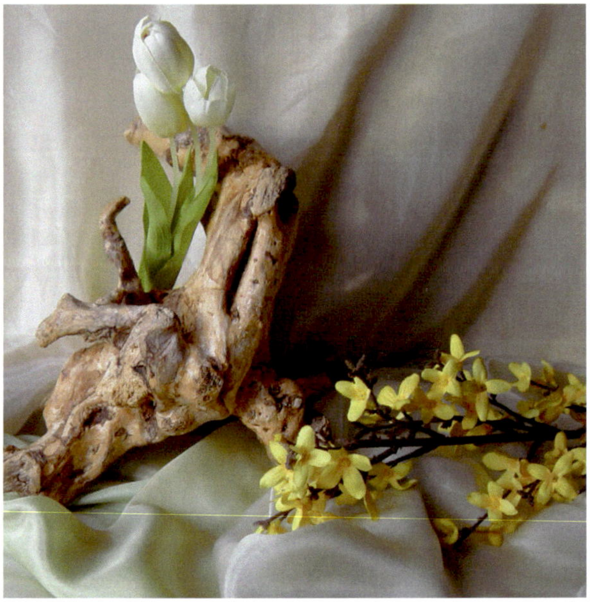

März
Hellgelb: drittes Birkenblätterbad
Gelbgrün: drittes Birkenblätterbad + wenig Indigo
Hellgrün: drittes Birkenblätterbad + etwas mehr Indigo

Karwoche:
Dunkelviolett: zweites Blauholzbad
Blauschwarz: erstes Blauholzbad
(ohne Abbildung)

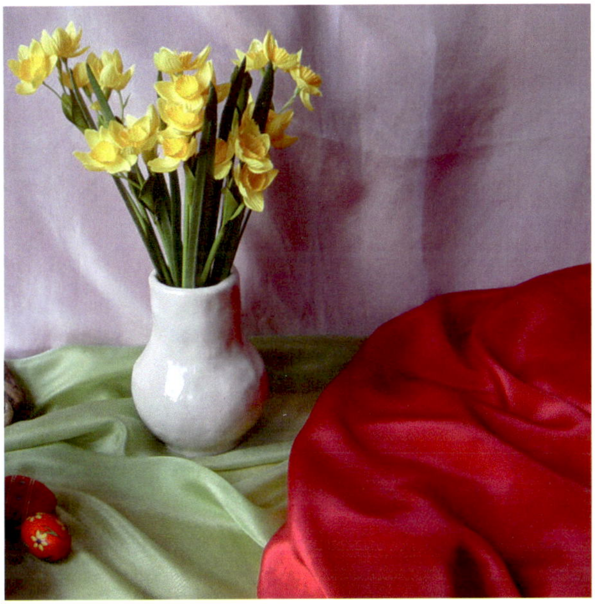

Ostern
Rot (Weihnachtsrot): erstes Cochenillebad und Rotholz
Rosee: drittes Cochenillebad
Grasgrün: erstes Birkenblätterbad und zweites Indigobad

Mai
Sonnengelb: erstes Färberkamillebad
Hellgelb: zweites Färberkamillebad
Weiß: –
(ohne Abbildung)

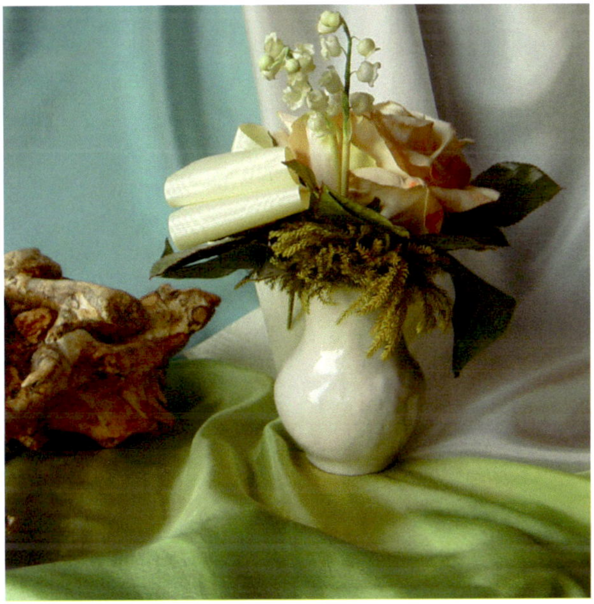

Himmelfahrt
Mittelblau: drittes Indigobad
Grasgrün: erstes Birkenblätterbad und zweites Indigobad
Weiß: –

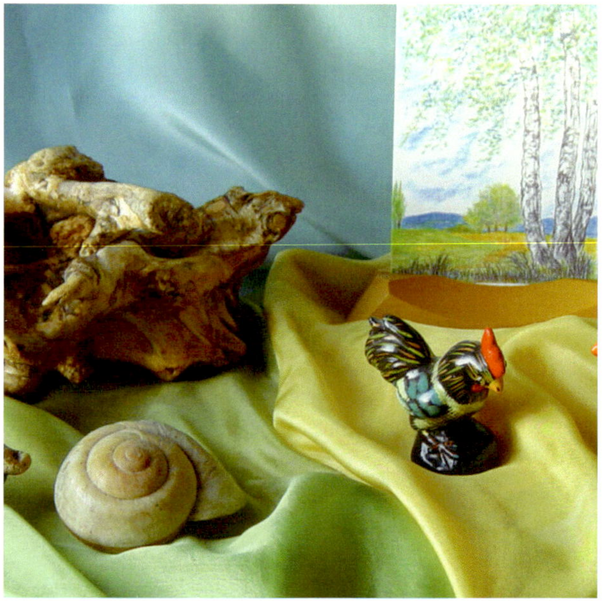

Juni / Juli

Sonnengelb: erstes Färberkamillebad
Mittelblau: drittes Indigobad
Grasgrün: erstes Birkenblätterbad und zweites Indigobad

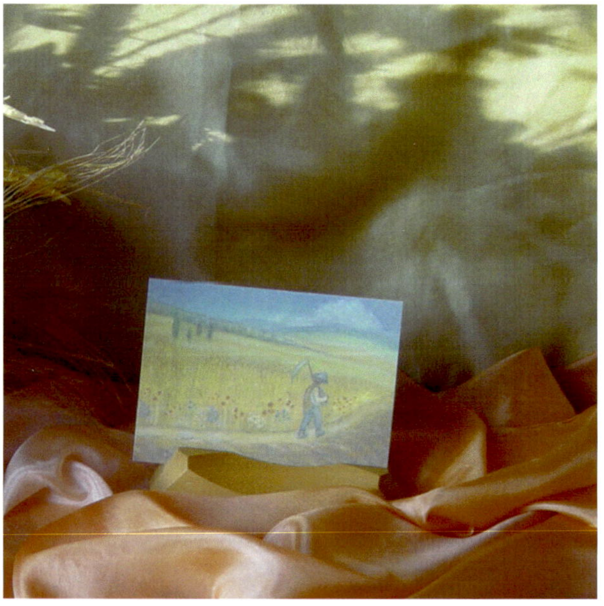

August / September

Goldgelb: Zwiebelschalen
Gelborange: erstes Birkenblätterbad + etwas Krapp
Hellorange: zweites Birkenblätterbad + etwas Krapp

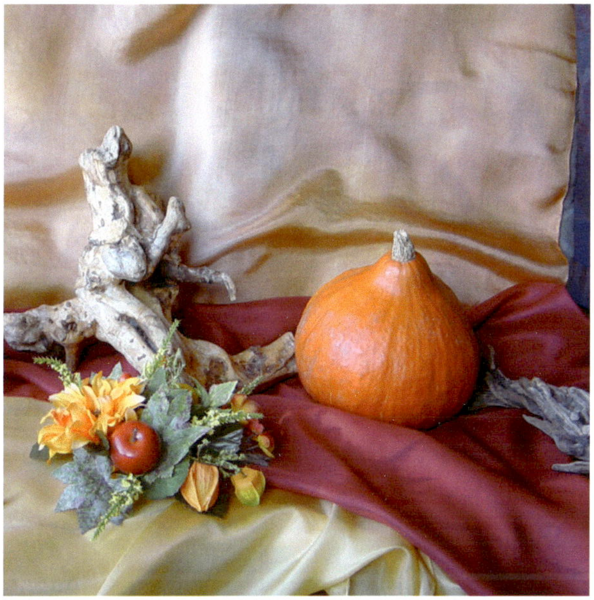

Michaeli / Oktober
Orange: Kurkuma + Krapp
Rotorange: Kurkuma + mehr Krapp
Rotbraun: Katechu

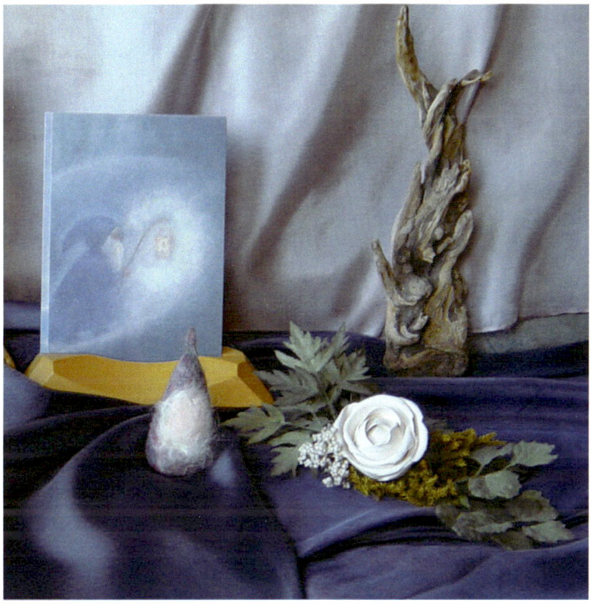

November
Hellgraublau: ganz wenig Blauholz
Dunkelgraublau: etwas mehr Blauholz
Roseeviolett: zweites Cochenillebad + etwas Indigo

9

ANHANG

ANHANG

Adressen für den Färbebedarf:

Pflanzenfärberei Kroll
Hauptstr. 47
56761 Gamlen
www.pflanzenfaerberei-kroll.de

Wollknoll
Sonja Fritz
Forsthausstr. 7
74420 Oberrot
www.wollknoll.de

Friedrich Traub
Schorndorfer Str. 18
73650 Winterbach
www.traub-wolle.de

Färbehof D. Schmiedt & O. Rauschmayer
Kirchstr. 7
86947 Weil
Tel.: 081 95 / 99 95 51

Bildnachweis:

Charlotte Fischer: Vorsatz, 7, 8, 12, 20, 24, 25, 31, 47, 50, 80, 83, 88, Einband hinten: untere Reihe Mitte
Eva Jentschura: 10, 11, 14, 16r., 22, 26, 33u., 48, 51, 56, 59, 61u., 65, 66u., 70-73, 76, 84, 86, 87, 90-95, Einband hinten: obere Reihe
Christine Krippner: Titelfoto, 28, 73u., 77, 78, 79
www.istockphoto.com: 2, 16li., 17r., 18, 23, 27, 32, 33o., 34-42o., 44-46, 52-55, 57, 58, 60, 61o., 62-64, 67-69o., 74, 75, Einband hinten: untere Reihe rechts und links
www. lavendelfoto.de: 17li., 43r., 49

Leider war es bei wenigen Fotos nicht möglich, die Urheberrechte eindeutig zu klären; sollte sich hier nach Drucklegung noch ein Honoraranspruch ergeben, sind wir selbstverständlich bereit, ihn zu den üblichen Sätzen nachträglich zu vergüten.

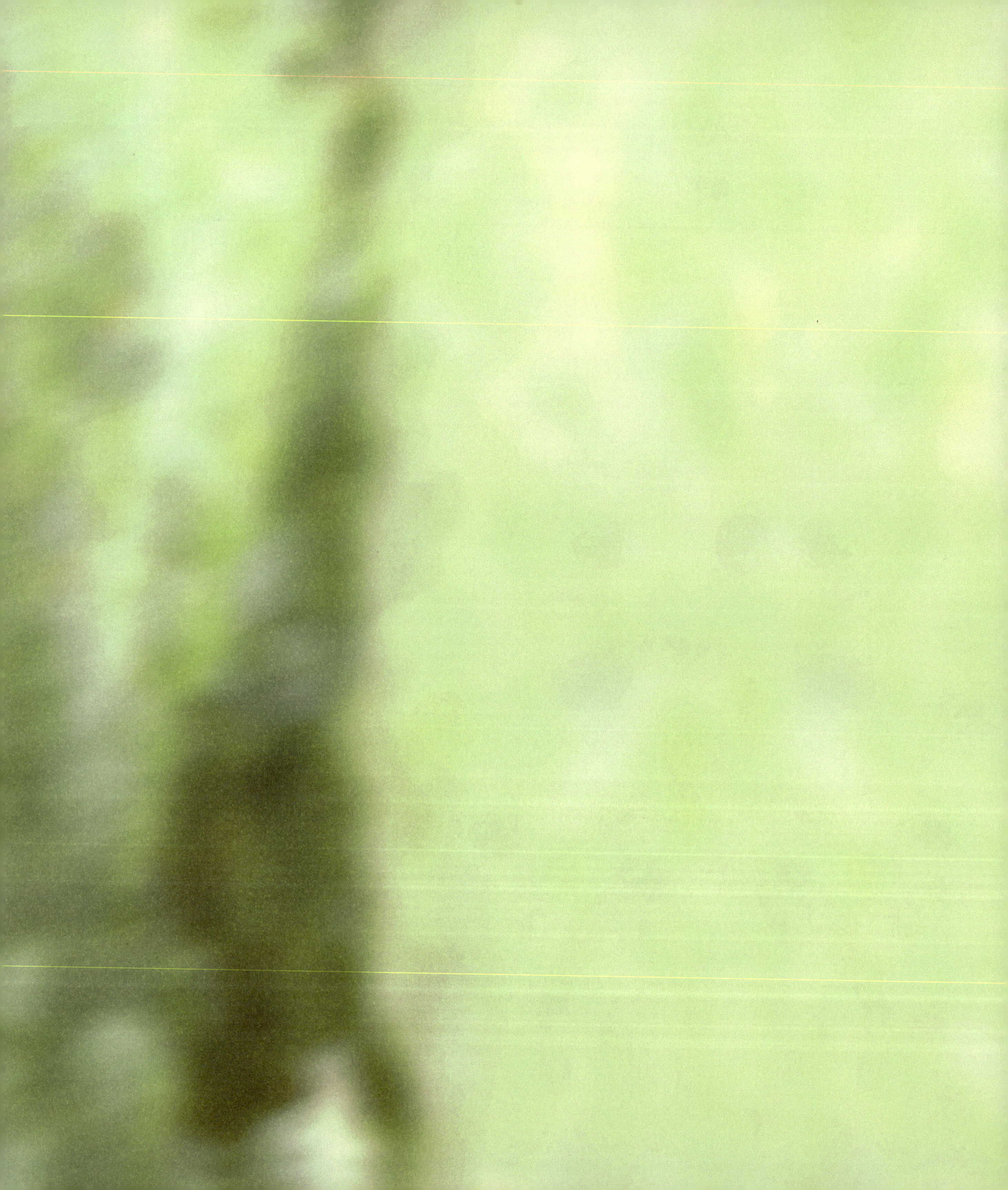